语言表达技巧

播音员、主持人训练手册

白　龙　编著

中国传媒大学出版社

·北京·

目　录

前　言

近年来，随着广播电视事业的不断发展，亟需大批具有优秀专业水平的播音员、主持人。在语音规范、声音自如的基础上，还必须具备一定的语言表达能力。这本书是继“语音发声训练手册”后又一本专门针对提高播音员、主持人的语言表达能力而编写的系列训练教材。

全书分两大部分共十一章。第一部分是内部语言技巧训练，第二部分是外部语言技巧训练。文稿练习呈多样性、多类文体及多种节目样式。不论是句段练习或完整稿件的练习，均有说明与提示，难易程度也各有侧重。指导教师或读者可根据学生实际情况有针对性的选择使用。

练习时在解析提示下，应在熟练把握稿件内容基础上，认真揣摩、感受，反复收听录音，修改不当。经过这样的练习，语言表达技巧应该像一件经过精雕细刻后又不留下任何雕琢痕迹的精美工艺品。

本书的编写难免有纰漏或不足，请广大读者朋友批评、指正。

白龙

2000 年 7 月

第一部分

语言表达的内部技巧

这部分内容是理解稿件、分析稿件、感受稿件内容的阶段。它包括对具体稿件的理解、分析，对具体内容的感受，如内在语、态度分寸的程度，情景再现，以及对受众的分析等。理解、分析稿件无论是对播音员和主持人都是同等重要的。对于主持人来说，只有对有文字依据的稿件的分析熟能生巧了，才会在资料加提纲的谈话式播音中做到对内容的融会贯通，这是锻炼语言表达能力的一个必然阶段。理解、分析稿件是播音中重要的组成部分，只有回到作者的原创作状态中去回味、体验、感受，才会有播音创作中的欲望、激情。

第一章 准备稿件

一、理论提示

准备稿件有两层含意，一个为广义的准备，一个为狭义的准备。广义备稿是指播音创作者的知识的底蕴、艺术素养、审美情趣、价值观念以及视野的广阔程度，思维的敏锐程度，内心的丰富程度等，它是播音创作的奠基石。这种广义知识的积累是无止境的，它与播音创作的完美程度是成正比的。狭义备稿，是指播出前对具体稿件所做的案头工作。广义备稿与狭义备稿谁也不能代替谁，但又是相辅相成的。在这里，我们主要练习狭义备稿的能力。

我播的是什么？我要说些什么？你心里清楚吗？心里有数吗？如果我不清楚、不了解稿件内容及原作的大体思路，我能让受众明白吗？那种出声念字式的机械式的表达，是不可取的。“备稿六步”正是给了我们方法。对初学者来说，它是规矩，是方圆。

对初学者来说，这“备稿六步”要记住，关

键的层次，段落的内容，必要的数字，以及人名也要记住。目的是有一个良好的语言表达的基础，以便激发自己的播讲愿望。你感兴趣了，受众才能感兴趣，他才能接受。

二、示例《情满区委大院》及分析

"五一"前夕的一个清晨，一列开往成都的客车从北京站徐徐起动。列车上，一位四川少女泪眼朦胧，深情地注视着渐渐远去的北京城，她无法忘记在京城度过的日日夜夜。

那是两个月前的一个黄昏，她夹着小包袱在崇文区三八服务公司门前徘徊，晶莹的泪珠顺着两颊大滴大滴地滚落下来。她名叫胡春荣。是从四川省东部山区来京服务的小保姆，年仅18岁。不久前，小胡的右手中指不慎感染化脓，几次医治未愈，只得离开了用户家。此刻这个举目无亲的川妹子进退两难。她想干活挣钱，可没有人雇她，想回家乡，身边又没钱。

天渐渐黑下来，少女痛苦地哭出声来。

"姑娘，怎么啦?"一位中年妇女干部亲切的话语打断了她的思绪，当女干部了解了事情的原委后，热情地挽起她的手臂："走，跟我来"。

胡春荣来到了崇文区委机关大院，传达室的工人师傅给她送来了开水，妇联的干部给她端来了热气腾腾的饭菜。许多不知姓名的叔叔阿姨把钱塞到她手里，区妇联主任张英敏抚摸着她的肩头说："你就在办公室住下吧，安心养病，吃的喝的都不必发愁，有我们大伙儿呢。"

第二天清晨，吃过早饭，50 多岁的区妇联副主任杨淑焕带她来到医院。

大夫责怪地说："这是您的孩子吧，外伤感染应及时治疗。""不，她是四川来的小保姆，我是区妇联的干部。"

大夫眉宇间闪动着惊异的神情。

小胡在区委大院住了下来。这里没有一个是她的亲人，但个个待她却比亲人还要亲。机关的女同志们怕小胡寂寞，晚上轮流陪她聊天，星期日厨房不开伙，大师傅们头天专门为她做了第二天的饭菜，孟师傅还让自己的女儿星期日陪她一块儿玩……。

这天傍晚，区妇联办公室副主任高兰参加完夜大考试，就来到小胡的房里，递给她一双崭新的弹力尼龙袜说："天热了，把你那双毛巾袜子换下来吧，脏衣服也脱了，我给你洗干净。"小胡不安地说："我来北京是当保姆的，怎么好让您给洗衣服。"

一天中午，陈广文区长在食堂见到了小胡，立刻放下碗筷走过去，"小胡，伸出手来，我看看。”老陈看到她的患指肿得像个小萝卜。心疼地说：“还得彻底治呀！”她叫通了北京市第四医院院长的电话，还到副食店买了一袋奶油面包，交到小胡手里。

在医院里，区里的干部几乎天天有人来看望小胡，糕点、水果、罐头堆满了她的床头，感情的浪花在小胡心中翻腾，她噙着泪水道出了藏在心里的话：“离家前，妈妈嘱咐过我‘大城市的人好欺负乡下人，一个山里妹子更得处处留心。’可在北京，我却遇到了这么多好心人。”

两个月过后，小胡的手指完全好了，她就要返回四川了，来的时候，她孤身一人，走的时候，送行者芸芸。区妇联的阿姨们来了，区信访办的叔叔们来了，区长陈广文也来了……，站台上形成了一支欢送队伍。陈区长像突然想起了什么，翻遍衣兜，掏出一把钱，塞给了小胡：“留着路上用吧。首都欢迎你以后再来！”

示例分析

分析理解稿件，应该坚持六个步骤。

第一步：层次

阅读全篇，明了大意，初次感悟。文章写的是四川籍打工妹在北京遇到了困难，得到了一群好心人帮助的经过，体现出人间处处有真情。细想起来，也并不是每一个人都能做到的。

把握全篇脉络，布局结构，进行层次的划分与归并。稿件的自然段是从写作角度形成的，而层次的形成则是符合播音的需要。是对自然段的进一步整理，使之更有利于形之于声，及于受众。

1. 先进行自然段的归并，把内在联系比较紧密的段落归并为一个层次。如果全篇层次多，还可归并为部分。

2. 记住部分、层次的大意，概括时要简洁、明了，它是思路清晰的基础。

- 全篇稿件
  - 第一部分（返回）
    - 层次一（返回）
      - 自然段 1
  - 第二部分（相帮）
    - 层次二（徘徊）
      - 自然段 2
    - 层次三（路遇）
      - 自然段 3
      - 自然段 4
      - 自然段 5
    - 层次四（养病）
      - 自然段 6
      - 自然段 7
      - 自然段 8
      - 自然段 9
    - 层次五（住院）
      - 自然段 10
      - 自然段 11
  - 第三部分（送行）
    - 层次六（送行）
      - 自然段 12

第二步：主题

层次的划分，使我们对所播的内容，有了一个大体的认识，但它只是一个浮浅的、表面的一个感性认识，而主题的确立，会使我们认识深化、升华，它是激发播讲愿望的落脚点。

主题，稿件所表现的中心思想，是内容的核心。概括主题的过程，是进一步理解、感悟的过程，是激发行动、激发播讲愿望的过程。

概括主题，同样要言简意赅，同时也要注意，每个人对同一稿件的主题的概括，也不尽相同，这是因为感受存在差异。

本文主题应这样来概括：

稿件通过举目无亲的川妹子在京城受到的帮助，以及获得温暖的亲身经历，热情讴歌了在祥和、稳定的大气候下，人与人之间的新型关系，那就是一方有难，八方支援，人间处处有真情。

通过对主题的认识，概括，它会使我们产生“我要播”、“我要说”的行动、意向。

第三步：背景

我们所播的和要说的内容，只有放在播音背景中去考察和衡量，才会有利于把握和理解稿件，才会使对稿件的理解更加深化，从而把握它的现实意义。

背景，主要指播音时的背景，它要求分析两

方面的情况。

上情：指的是国家的施政方针、有关政策、法规，中心工作。了解了与稿件相关的背景材料，你的播音才会高屋建瓴、运筹帷幄。

下情：要分析国内外现实情况及其变化。这样就会对人民大众的心理、现状、趋势有大体了解，从而会使我们分寸得当、是非明晰。

背景，应该是具体的、可感的，与所播内容相关的。因为我们所播的、所说的，绝大部分都是实实在在的具体事情，是反映现实的。

注意分清主流与支流。不看主流，会一叶障目，迷失方向。不看支流，同样心中无数，无从把握，就会失去针对性。

本文的背景，应这样理解。

上情：国家现阶段的施政方针是，对外改革开放，对内搞活经济。

下情：主流是在中央的正确领导下，人民大众安居乐业，经济活跃，人与人之间的关系极为融洽，大家共同奔小康。支流是一部分先富起来的人，有的向钱看，从而变得自私，变得无情无义。

通过这篇稿子的播出分析，头脑更加豁然开朗，针对性更加明确了。

第四步：目的

稿件的播讲目的，可以看成是宣传目的具体化。层次、主题、背景的理解和把握过程实际上也是目的开拓过程。对播出目的的明确又是对稿件理解和感受的再次飞跃，可以使我们对稿件的认识达到新的高度，促使我们更自觉地、主动地播出。

播讲目的，主要是指在德、智、美三方面所要实现的社会意义和作用，所要达到的预期效果，所要遵从的诱导方向。内容越丰富的稿件，越要准确地把握播讲目的。不准确，就不能提挈全篇，有的放矢。

本文的播讲目的是，意在动员社会公民养成助人为乐、扶老携幼的良好习惯，善解人意，做一个有良好道德修养的好公民，并促进社会风气的好转。

第五步：重点

为了落实播出目的，就要从稿件中找出重点部分、重点层次、重点段落，以及段落中的小层次、重点句子。什么是稿件的重点呢？一是最集中、最典型的表现主题的地方。二是最得力、最生动地体现目的的地方。三是最凝聚、最浓重地抒发感情的地方。四是最直接、最恰当地感染受众的地方。

重点的分布，大体有两种情况：集中或分

散。

集中，是指重点集中在一两个部分、层次、段落，其它部分、层次、段落都是非重点。

分散，是指重点分散在各部分、各层次、各段落中。

重点集中时，非重点的地方也可能有重点小层次或重点句子。重点分散时，也不是说那么平均。

把握重点，就要把握主次关系，把握稿件中层次的主次关系，只有处理好主次关系，才能使稿件中各组成部分形成一个有机的整体。

《情满区委大院》这篇文章的重点为第二部分。

第六步：基调

基调，是指稿件总的感情色彩和分量。不是指播音时声音高低。每一篇稿件都有一定的感情色彩和分量：有的昂扬有力，有的深沉坚定，有的悲愤凝重，有的喜悦明快，有的豪放舒展，有的细腻清新，有的热情颂扬，有的愤怒批判等，都属于基调的类型。由于稿件每一个大小单位都有更为具体的内容，我们的感情色彩和分量总要不断变化。而这种变化，既是形成稿件基调的具体因素，又受稿件基调的管辖制约。

基调的表达，不必有固定格式，但不可过于

啰嗦。基调应是理解和表达的统一，是稿件基调和播音基调的统一。随着思想感情的运动，感情的色彩和分量也在不断变化中。

《情满区委大院》的基调应是热情赞颂。

以上是我们就备稿六步，对《情满区委大院》这篇稿件进行的分析。分析理解稿件，不能只限于文字表面，更不能一味追求技巧的运用，只有按着六步，力求精细分析，深入理解，才会有融会贯通、精确熟练的运用。任何一蹴而就的想法、草率粗疏的做法都是错误的。

下面我们选辑了一些稿件，供大家练习用，大家一定按六步来分析理解稿件，可根据分析提示去做。

三、介绍性文稿选编

1. 钟王五绝

夏明明

分析提示 一般关于某一器物的说明文都要详细说明该器物的外观，但本文应着眼于向观众介绍大钟的科学价值，它是我国古代自然科学及铸造工艺高度发展的明证。永乐大钟与世界同类的大钟相比有哪五绝？

〔**提要**〕大钟寺，原名觉生寺，位于北京西直门外西北方的曾家庄。因为乾隆八年(1743年)冬从万寿寺运来一口大钟,所以改名为大钟寺。

大钟铸于明朝永乐年间，又叫做永乐大钟。永乐大钟通高 6.75 米，最大直径 3.3 米，重 46.5 吨，被誉为中国的“钟王”。永乐大钟铸造于五百多年前，铸造技艺高超，采用泥型法一次铸成。钟身内外铸满了汉文和梵文佛教经咒。钟体材料合金成分比例非常合理。大钟悬挂方法科学巧妙。钟声浑厚、洪亮，衰减缓慢，尾音能持续一分钟左右，在较好条件下，钟声可以传播四五十公里。

除夕之夜，一阵阵钟声在北京西北郊的上空回荡。轻击，圆润、深沉、古雅；重击，纯厚、洪亮、庄严。内行人听了，能分辨出钟声是由1∶3∶5∶1等完全谐和音组成的泛音系列，宛如一个庞大的交响乐队齐声发出的奏鸣。这就是位于北京西北郊大钟寺的“钟王”——永乐大钟发出的音响。

这口被誉为“钟王”的大钟，与世界同类大钟相比，具有“五绝”。

第一绝是形大量重、历史悠久，具有很高的历史价值。永乐大钟通高 6.75 米，最大直径 3.3 米，重 46.5 吨。永乐大钟铸造至今已有五百多年的历史了。它产生的背景与明初的两大历史事件——“靖难之役”和明成祖迁都北京——相联系，因而具有很高的历史价值。同时，它还反映了中国历代封建统治者的统治思想。永乐大钟是佛钟（钟身内外铸满佛经铭文），又是朝钟，它把神权（佛教）和皇权（政权）糅合在一起。大钟的钟壁，不论是上下里外，都铸满了字，共有汉文和梵文书写的佛教经咒一百多种。为首的一部经是明成祖朱棣御制的《诸佛世尊如来菩萨尊者神僧名经》。这部经和钟上的其它铭文，涉及到明朝初年的政治、经济、文化、中外邦交和民族关系，是我们了解明初历史的很好资料。

世界上最大的木结构宫殿群是北京的故宫，世界上最大的坛庙是北京的天坛，世界上铭文最多的大钟就是与故宫、天坛同时问世的永乐大钟。永乐大钟的钟身内外整齐地铸有 23 万多字的佛经铭文，这就是它的第二绝。

永乐大钟具有第一流的声学特性，这是它的第三绝。我国古代声学在世界上居于领先地位。远在战国时期就产生了曾侯乙编钟。而一口永乐大钟振动频率的丰富，远远超过了曾侯乙编钟的每一口特定的钟。日本著名的声学专家北村音一教授在聆听了永乐大钟的钟声后说：“这是我所听到的世界上最好的钟声。”永乐钟声不是一个音，而是由最佳泛音系列的各个分音组合而成，是由于钟体的成分、钟身各段不同的厚度及形状等因素，通过人为的控制来实现的。永乐钟声低音频率丰富，衰减得慢，因而在较好条件下可传至四五十公里远。

我们登上钟楼，还会发现永乐大钟的另一个秘密：这么大的钟所以能悬挂在主梁上，只是靠了一根长1米，高14厘米，宽6.5厘米的铜穿钉。这根钉承受了四十多吨重的剪切力。人们不禁会惊讶地问：我们祖先怎么就知道用这根小穿钉能保证几百年后大钟不会掉下来呢？力学专家初步估算了一下，穿钉恰好可以承受四十多吨的剪切力，而且保证了钟体和钟钮的合理比例，不破坏大钟美观的造型。为了防止由于穿钉表面不平造成局部应力加大，穿钉内部还铸进了一根相当于低中碳钢的芯子。以上这些就是大钟几百年来安然无恙的奥秘所在。先进的力学结构就是永乐大钟的第四绝。

永乐大钟于十五世纪初问世，此后的三个世纪里，它一直是世界上最大的钟。到了1737年，俄国沙皇为了拥有一口世界最大的钟，不惜花费巨大的财力、物力，用了五年时间铸了一口重约193吨的大钟。但是，由于铸造工艺方面的问题，那口大钟浇铸冷却后出现了大裂缝，成了世界上从未敲响过的大钟。而我国的永乐大钟，采用是我国的三大传统铸造工艺（泥范法、铁范法、失蜡法）中的泥范法——地坑造型表面陶范的方法铸造，其铸造难度和工艺要求是很高的。由于我国古代能工巧匠运用这种工艺达到了炉火纯青的地步，使永乐大钟的钟体一铸而成。钟体庞大，铸造精美，遍身铭文，经五百多年而完好无损，这和它科学的合金比率分不开。大钟的成分中铜占 80.54%，锡占 16.4%，铅占 1.12%，还有少量其它元素。尤其是锡的含量比率非常科学。经铸造专家鉴定，这个含锡比率曲线是铸钟的最佳比率曲线，它使钟的强度增加而硬度适中，经得起重击又不破坏音质。高超的铸造工艺是永乐大钟的第五绝。

永乐大钟是国之瑰宝，是中华民族悠久历史文化和勤劳智慧的象征。

（选自《燕都》创刊号）

2. 神奇秀丽的庐山

晓　流

分析提示　在我们所作的节目中，介绍性的内容占有很大的比重。“神奇秀丽的庐山”是一篇说明处所的文章，通过题目，它提示了说明的范围。从文章的结构可以看出，它是按空间顺序来说明的，三叠泉、仙人洞、龙首岩、花径等，具有清晰的条理性。它也有说明中心，通过对庐山的介绍，有助于增强受众的自豪感，会鼓舞受众为实现民族振兴奋发努力。另外通过有声语言对匡庐山色的着力渲染，可使受众如观其景，如睹其物，如临其境。

〔**提要**〕庐山位于江西省北部，九江市南，飞峙长江边，紧傍鄱阳湖。相传殷周时，有匡姓兄弟结庐隐居在这里，所以得名庐山，也称匡山、匡庐。汉阳、香炉、五老等峰耸峙，以海拔1474米的大汉阳峰为最高。江湖水汽郁结，云海弥漫，所以有“不识庐山真面目”的说法。庐山以它那雄伟奇特的山峰、澎湃多姿的瀑布、变幻神奇的云雾、凉爽宜人的气候名扬天下。著名胜迹有三叠泉、仙人洞、龙首岩、花径等。庐山是我国著名的风景区、避暑胜地和天然疗养区。

庐山，在江西省北部，是我国著名的风景区、避暑胜地和天然疗养区。

说起庐山，人们很容易想起宋代大诗人苏东坡的名诗：“横看成岭侧成峰，远近高低各不同；不识庐山真面目，只缘身在此山中。”这首诗生动地描绘了庐山峰峦重叠、山势奇特的美景，又写出了庐山的全景不容易看到的特点。

为什么庐山的真面目不容易看清呢？这跟庐山的地形、地貌有关。庐山位于我国第一大淡水湖鄱阳湖畔，北边又靠近长江。由于江湖大量水汽连续地向上蒸发，凝结成了多姿多彩的云雾，半遮半掩了庐山面目。

庐山，相传在殷周间，因有匡姓兄弟结庐隐居在这里而得名庐山。庐山以它那雄伟奇特的山峰、澎湃多姿的瀑布、变幻神奇的云雾、凉爽宜人的气候名扬天下。“日照香炉生紫烟，遥看瀑布挂前川。飞流直下三千尺，疑是银河落九天。”这是唐代大诗人李白的名诗《望庐山瀑布》。李白在这首诗中把庐山瀑布的幽险、壮丽，生动地刻画出来了。

庐山瀑布众多，千姿百态：马尾瀑布浪花翻舞，形如蛟龙跃空；玉渊瀑布水大流急，声如万人击鼓；归宗瀑布寒玉森森，如珠如帘；石门涧、青玉峡、开先、桃林涧、乌龙、黄龙、白龙等瀑布也各有千秋；而三叠泉瀑布，更是奇特。

三叠泉，因为泉水飞泻在磐石上折成三叠而得名。三叠泉瀑布气势雄伟，它像百幅冰绣，抖腾长空；又像万斛明珠，飞洒九天。瀑布经过两次折叠重新相聚，迅速汇成巨流，由悬崖直泻谷底龙潭中。打雷一样的轰鸣声，震人心弦，余音久久不绝。

从庐山的中心——牯岭出发，向西沿着环山公路前进大约两公里，迎面就是锦绣峰。转个弯，就到了仙人洞。仙人洞在海拔一千多米的悬崖绝壁上，它是由页岩和千石岩风化而成的石洞。洞高二十多米，宽八九米，深七八米，洞顶成尖形。洞上石头的形状像手，所以又叫佛手岩。中国古老神话“八仙过海”中的八仙之一吕洞宾，相传就是在这个石洞中修道成仙的。

走进斧削冰裂的仙人洞，就听到滴答、滴答的水声。这是哪里传来的呢？原来，洞里有股泉水，名叫“一滴泉”。盛泉水的是个石头池子，从来不满，永不干涸。所以，古人在洞里就刻上了“石头清泉，万古长流”、“山高水滴，千秋不断”等词句赞美它。一滴泉的泉水清冽而纯净，盛在茶杯里，水高出杯沿也不流溢。在泉水上平放一枚硬币，硬币能浮在水面上。游人在这里，美美地喝上几口泉水，静听一滴泉的滴答水声，远眺洞外的锦绣山谷，别有一番情趣。

如果说仙人洞是因它的奇特而闻名于世，那么，龙首岩就是以它的惊险而吸引四方游人了。

龙首岩在牯岭以西大约四公里。这是一块奇特的巨石，从天池山的半山腰破石而出，翘首天外。明代诗人刘世扬看到它的形状好像巨龙昂首，就写了“龙首岩”三个字，因此得名。

龙首岩是看庐山云雾的好地方。大雾袭来，龙首岩好像屹立在茫茫大海之中。站在岩石上，就像腾云驾雾，漫游太空；又像乘龙探海，嬉戏波涛。浓雾散去，晴空艳阳，满山松柏更加青翠欲滴，远处峡谷、电站、公路、河流、田野、村庄呈现眼前。大自然真像一个魔术师，景色变幻神奇，令人赞叹！

庐山有九十多座山峰。大汉阳峰最高，海拔一千四百七十四米，能观看日出日落。秀峰幽静别致。双剑峰似两把宝剑直刺青天。香炉峰峰顶雾气弥漫，活像一个烟雾缭绕的香炉。其他的山峰也妖娆多姿，引人入胜。其中最能吸引人的，恐怕要算五老峰了。

五老峰在庐山牯岭东南，海拔一千四百多米，五峰耸立，突兀雄伟，形状像五个老汉并坐，所以叫五老峰。从南边看五老峰，有的像乘风欲去的飘逸诗仙；有的像雄心未已的暮年壮士；有的像老当益壮的文人学者；有的　历尽沧桑的千年寿星；有的像垂钓鄱阳湖的鹤发渔翁……真是一幅巨大的《五老醉景图》飘悬云天。五老峰，峰峰有景，仪态万千。最险峻的要算第三峰。峰顶峭岩上刻有“日进云底”、“星聚层峦”等字。五峰中最高的是第四峰。1957 年，七十高龄的朱德同志健步登上第四峰，伫立峰顶，极目山下，挥笔写下了热情的诗句。

登上五老峰峰顶，只见波涛千顷的鄱阳湖，霎时奔来眼底；怪石林立的峰壑，顿生五色烟云。雾气环绕的山峰，如旗杆，像石船，似金印，若狮子……面对这奇观幻景，历代诗人、学者写下了不少赞美之词。仗剑遍游名山大川的诗人李白游览五老峰以后，写下了“庐山东南五老峰，青天削出金芙蓉。九江秀色可揽结，吾将此地巢云松”的著名诗句。

花径也是庐山一个著名的名胜古迹，现在已经开辟成花径公园。公园有一个石门，石门两边有一幅对联，上面刻着“花开山寺，咏留诗人”八个大字。石门旁边还有一座石碑，石碑上刻的是白居易的《大林寺桃花》诗：“人间四月芳菲尽，山寺桃花始盛开。长恨春归无觅处，不知转入此中来。”

游花径，最好是春天。走进石门，穿过花木飘香的岩石洞，从雕梁画栋的赏桃亭，顺着石阶往下去，就进入回廊百转、林深花香的通幽曲径。曲径的尽头，有一座秀丽的伞形红柱亭子，这就是花径亭。亭的正中央有一块石匾，上刻“花径”二字，相传是白居易的手笔。花径亭的旁边，在婆娑花影中，还有一座方形的五彩石亭，这是景白亭。从这里放眼峡谷，桃花成片，灿如红云。据说这里就是当年白居易赏花写诗的地方。

花径公园除了桃花以外，还有一树千花的灯台树，含珠带露的绣球花，串串铜铃似的紫藤，展翅欲飞的蝴蝶花，以及各种颜色的雏菊、松叶菊、天竹葵、四季海棠等等，都在桃花深处争芳斗艳。真是“长恨春归无觅处，不知转入此中来”啊!

庐山的名胜古迹，遍布全山，无论到哪里，都是看不够的美妙景色。怪不得千百年来，许多人都赞美庐山“匡庐奇秀甲天下山”。

四、消息类稿件分析提示及选编

新闻性稿件中，消息占有很大比重，下面选的几条消息，都是从结构安排比较清晰这一点而选编的，因而不成系列。消息的结构层次也是有规律可循的，它是由导语、主体、背景、结尾几个部分组成，但有时背景或结尾穿插在主体中，只要大家注意就会一目了然的。从备稿六步来分析理解消息稿件，最重要的是让受众能够听明白，你在向他发布一条什么样的新闻，按六步分析，不宜过细，也不必牵强附会。比如目的、背景、针对性等，尽可能的去了解编辑意图。一般来说，导语应该放在醒目的位置上，主体的层次要叙事有序，结尾应清晰明了。除了各条的基调要把握好外，更应注意一次节目基调的协调。

1. “长征三号甲”将卫星发射升空

播音提示　本文的第一自然段为导语，什么时间，什么地点，发生了什么事，结果怎么样。当然在这里，什么事，又是导语中的重点句。二、三、四自然段为主体部分，其中二、三段又分别对“长三甲”、“中星—22号”作了说明，四段又对事实作了进一步报道。第五自然段是结尾段，是事情的发展趋向和结果。播时应注意基调的把握，与整体新闻的协调。

新华社记者徐殿龙、中央人民广播电台记者傅明毅报道：北京时间1月26日零时45分，我国研制的运载火箭“长征三号甲”在西昌卫星发射中心将“中星—22号”卫星发射升空，卫星已进入预定轨道。

这次发射是长征系列运载火箭的第六十次飞行，也是自1996年10月以来连续第十八次成功发射。“长三甲”运载火箭是由中国航天科技集团所属运载火箭技术研究院研制，起飞质量为243吨，起飞推力为300吨，可将2.6吨的有效载荷送入地球同步转移轨道。这次发射是“长三甲”火箭自1994年首飞以来的第四次发射，此前曾分别将两颗“东方红三号”通信卫星和一颗“实践四号”科学实验卫星成功地送入预定轨道。

“中星—22号”由中国航天科技集团所属空间技术研究院研制，为实用型地球同步通信卫星，是“东方红三号”的后续星。卫星重量为2.3吨，设计使用寿命8年，主要用于地面通信业务，由中国通信广播卫星公司经营。

火箭升空30分钟后，西安卫星测控中心传来数据表明，卫星顺利进入近地点210公里、远地点41974公里的预定地球同步转移轨道。

据了解，卫星进入转移轨道后，将在西安卫星测控中心和航天远洋测量船等测控网跟踪控制下，定点于东经98度赤道上空。

2. 中国女排以3∶0战胜美国队

播音提示　这条消息的导语，一个是3∶0的事实，一个是结果，这两个要素应阐述清楚。主体部分包含了两位教练的评述，基本是按时间顺序展开的。结尾部分对中国队的下一场比赛作了展望。基调把握在热情洋溢上，但尺度、分寸要注意。

记者江正茂报道：中国女排今天以 3∶0 战胜美国队，目前以 6 战 4 胜 2 负的战绩，暂居世界杯赛第四名。

第一局一开始，中国队接发球就失 2 分，判断失误也丢了 3 分，拦网失分更多，队员之间配合也不默契，有些混乱。美国队也是如此，失误很多。双方一直打到27平。中国队以29∶27取胜。

第二局，中国队虽然在拦网上有所改进，但二传、发球和接发球屡屡出现失误，未能把比分拉开，只以 25∶23 两分险胜。

美国队前两局失利，信心受挫，所以第三局中国队较为轻松地以 25∶18 取得胜利。美国队除了战胜过阿根廷以外，其余 5 战均告失败。

美国队主教练哈利·米切尔认为如果美国队第一局就能把握住机会，比赛的结果就会不同的。美国队应吸取今天的教训，打好今后的比赛。

中国队主教练胡进认为，美国队发挥出了较高的水平。今天的比赛，暴露了中国队比较年轻、节奏掌握得不好、失误也较多的弱点。如果美国队失误比我队少一点，我们就很难说了。

中国队明天将迎战韩国队。胡进说，对韩国队是一场硬仗，双方水平接近，中国队网上有优势，可以用高度抑制住韩国队的进攻。

3. 美国佐治亚州遭龙卷风袭击

播音提示　这是一篇灾难性的报道且是国际消息，它的结构特点与前两条不太一样。应该把三、四段看成结尾段，但第三段与前两段由于联系比较紧密，故与第四段应有一个顿挫。另外还应注意把握基调。

新华社华盛顿2月14日电　美国佐治亚州西南部14日凌晨遭龙卷风袭击，至少造成22人死亡，100多人受伤，50多座民房被毁。

这场龙卷风横扫了科尔奎特、蒂夫特、米切尔和格雷迪等4个县。米切尔县已发现有14人死亡，格雷迪和科尔奎特县分别有7人和1人丧生。在遭龙卷风袭击的地区，大树被连根拔起，不少汽车被掀翻，通讯和供电中断。

龙卷风过后，佐治亚州州长罗伊·巴恩斯宣布受灾的4个县处于紧急状态，并要求联邦政府提供紧急援助。

亚拉巴马、佛罗里达、阿肯色等州当天也遭到强风暴的袭击。据报道，至少有3人受伤，近百座民房被破坏，两万多户居民供电中断。

4. 一油轮遭风暴，船上柴油大量外泄

播音提示　这篇消息表面看是两段体，但其主体部分已将结尾段包括了进去，可以把它看成一个整体。导语部分主要对所发生事情的原因和结果概括得比较清楚，可以从中看出它的潜在的意思。

据新华社巴黎12月12日电　一艘载有2.6万吨柴油的油轮12日上午在法国西北沿海遭遇强烈的海上风暴后，船体断为两截，造成船上柴油大量外泄。

据法国西北部的布雷斯特港港务局官员说，这艘名叫“埃里卡”号的油轮于当地时间12日早晨6时在法国布列塔尼附近海域发出了“船体出现严重结构问题”的求救信号。当时海上天气极为恶劣，海浪高达8米左右。不久之后，该船在布雷斯特港以南100公里左右的海域断裂为两截。事故发生后，法英两国海军迅速派出直升机进行营救，将全部26名船员安全撤往海岸。据估计，到目前为止，油轮泄漏的柴油已达2000吨至5000吨。事故发生时，这艘在马耳他注册的油轮正在从荷兰驶往意大利的途中。

五、评述性稿件选编

1. 且慢“著名”

沈小平

分析提示　论说文一般来说由于要进行严密的逻辑推理，要准确表达某些复杂的概念，所以长句子用得多些，书面语的句式用得多些。但是为了受众的接受能力及需求，作者有时也写得活泼些、生动些，在不妨碍表意明确的前提下，多采用口语句式，使语言更生动活泼。本文即是这样。从题目开始就显得文雅、口语，且慢“著名”，似乎想聊天了。继而你就会明了作者写作的主题了，那就是不要随意用“著名”二字，这也是文章的中心论点。

文章中间的分析部分论述了“著名”二字应该怎么用？怎么用才算合适？并追根寻源，不管是有意识，还是无意识地使用“著名”二字的目的。进而谈到了它的危害性。最后解决问题部分，以正论的全部分析、论述，简洁明确地概括了立论思想，回答了论题提出的问题。播者应使语言发人深省，给受众以启发。口语化的文章如何播的紧凑、完整，可试试。

稍加留意一下，打开电视、翻开报刊就可以发现，时下“著名”是一个使用频率较高的词，如电视主持人在介绍某位歌手时，总是不忘在其名字前加上“著名”二字，报刊记者在新闻专访稿件中写到某人时，“著名”二字也是少不了的。然而令人纳闷的是，很多被冠以“著名”的一些演员、歌手、作家等等，不但广大观众、读者不闻其名，就是连业内、圈内人士也是初次见面。这样，就由不得人们不怀疑，“著名”是不是用早了。

被冠以“著名”的人，顾名思义，就是不但在业内、圈内有一定的知名度，而且在业外、圈外虽不一定要家喻户晓，但至少说起来，观众、读者要有一点印象。衡量一个人是不是“著名”，最重要的标准，就是要有“著名”的创作成果。白杨之所以著名，是因为她演的角色经受了时间的考验，仍然闪耀着艺术的魅力；老舍之所以著名，是因为他写出了一部部传世的作品；胡松华之所以著名，是因为他唱的歌真正打动了几代人的心。作为一个演员，要想“著名”，先必须演出著名的影视作品；作为一个歌唱家，要想“著名”，先必须唱出著名的声乐作品；作为一个作家，要想“著名”，先必须写出著名的文学作品……没有引起社会广泛注意和影响的创作成果，冠以“著名”，观众和读者是不买账的。

一些新闻传媒之所以乐于随便将“著名”这顶帽子送人，我想，归根结底，还是传媒自身底气不足。因为拿不出“著名”的节目和栏目，引不来真正著名人物的参与，就拿所谓的“著名”人物来撑门面，以抬高传媒自己的名气。这种类似于“王婆卖瓜，自卖自夸”的做法，不但不能提高节目和栏目的档次，同时也害了这些“著名”人物。君不见，有些唱了几首歌的歌手，演了几部影视片的演员，写了几篇文章的作者，刚刚引起人们的注意，就被捧为“著名”，就不知天高地厚地飘飘然起来，忘记了艺术的创作和探索有一个漫长而冷清的过程。耐不住寂寞，到处抛头露面，时间一长，仅有的一点底货因得不到及时“充电”，渐渐枯竭，步了江郎才尽的后尘。于是，为引起人们的注意，提高知名度，就不得不靠作品之外的东西来补偿，故弄玄虚者，有之；相互吹捧、炒作者，有之；贩卖隐私、兜售秘闻者，也有之。

“著名”是许多人向往的人生境界，但是，在“著名”之前有一个漫长而冷清的奋斗历程。名副其实的“著名”，必须拿出为社会认可的东西，著名后还要洁身自好；走捷径，拿不出货真价实的作品，是摘不到“著名”桂冠的；即使摘到了，戴在头上也不好受。因此，还是且慢“著名”好。

（1997年12月11日人民日报）

2. “保姆”的骨气

建　达

分析提示　本文提出问题的方式与前者所不同，它没有直接提出论点，而是通过上海一家报纸报道的一件事情引出了论点。这就是人，没有三六九等之分，应活得堂堂正正。这种引入有内容的论题，使得文章较生动、活泼。

文章从第二段开始着手分析为什么出现这样的问题，并一针见血地指出，把人分为三六九等是陈旧、腐朽、落后的择业观、等级观。这也是作者的结论。结论，通常作为文章的结尾与开头相呼应，但此文把结尾放在了文章的前边了，请同学们注意。进而分析了把人分成三六九等后所带来的危害性。文章的最后一部分是解决问题。按说，应从把保姆称为“下人”说开去，但作者没有这样做，把笔锋一转谈到了目前的一些社会现象，择业观的问题，对解决这样的问题，无疑是有益的。可见作者的思路很开阔。层次和层次之间，小层次与小层次之间的转换、感受、态度、基调对播者来说是应重视的。

据上海一家报纸报道，该市一位名叫韩国英的妇女，到古北新村太阳广场一日本籍居民家当保姆时，广场保安和工作人员强迫她从地下室通过，不许她走大门。韩女士气愤至极，投诉上海市政府信访办公室，致使太阳广场受到严肃批评。该广场物业管理处近日又突然把韩女士找去，说可以将她原来持有的“保姆卡”换成“朋友卡”，这样，她作为日本籍居民的朋友，便可以“名正言顺”地从大楼正门进出了。这个“建议”理所当然地遭到韩女士的拒绝。她说：“我做保姆，堂堂正正，何必要改头换面?”

韩女士的回答，表现了自己的骨气，令人钦佩。社会各界和新闻媒体在赞扬韩女士的同时，也毫不留情地批评太阳广场某些人“侮辱他人人格”、“看不起自己的同胞”、“势利眼”等等错误言行。依我看，除了上述这些错误以外，太阳广场的某些人还陷入了一个致命的泥坑——那就是陈旧、腐朽、落后的择业观、等级观。

何为“下人”? 旧时把人分为三六九等，凡从事艰苦劳动或奴隶式劳动的人，都被统治阶级划入“下人”之列。倒是那些游手好闲的八旗子弟、饱食终日的王公贵族成了“上等人”。这是历史的悲剧。

解放以后，劳动者无论从人格上还是他们所从事的职业上，都得到了应有的尊重，“下人”——这个带有侮辱性的字眼已经很少有人提起。“劳动人民”成为最高尚的称呼。这是历史的进步。现实生活中，只有职业的不同，没有人的贵贱。任何劳动，都应该得到社会的尊重——这已经成为文明社会的共识。上海太阳广场某些人对待一位从事保姆工作妇女的态度，实在是太落伍了。轻的说，是缺乏现代人的素质；重的说，是违反了精神文明建设的原则，而且侮辱了他人的人格。

历史即将进入一个新的世纪。从理论上说，类似把保姆称为“下人”的现象是不应该发生的。但是，那些陈旧、落后的择业观、等级观，并没有彻底退出历史舞台，在一些人心中还有市场。不少地方有人没活干，有些活却没人愿意去干。有些城市竟出现了几十万人待业没活干，却有同样数量的外地民工在该地打工的怪现象。可见，要想彻底杜绝类似上海太阳广场那样的恶劣现象，重要的还是要像党的十五大所提出的那样，加大社会主义精神文明建设的力度，进一步解放思想，更新观念，提高全民族的整体素质。只有这样，所有的劳动和劳动者才会得到真正的尊重。

第二章　具体感受

理论提示　我们已经学会了分析理解稿件，但对播音员来说这只是极为浅近的一步，有很深修养的播音员对此简直可以略而不提。事实上，随着这浅近的一步，它会使我们产生由此及彼、由表及里的某种感受。感受就是感之于外、受之于心的意思。不是只感觉到文字的存在，而是透过文字语言的符号感觉到这符号所代表的那具体的客观事物的存在。播音员接受了外界的这种刺激，从而受之于心，产生内心反应。具体感受贯穿在分析理解稿件的全过程，贯穿在理解表达的全过程。

感受又有形象感受和逻辑感受之分。没有逻辑感受，就不会有脉络的清晰，就不会抓住“起、承、转、合”的变化。没有形象感受，就不会赋予稿件内容以具体、丰富的色彩，就不会有真切、生动的形象产生。可以说感受是关键，是由理解到表达的桥梁。只有对稿件进行具体感受，才能使我们的有声语言充满活力。但感受毕竟不是我们的最终目的。对稿件内容进行具体感受，主要是为我们进行获得思想的运动状态开辟广阔的天地。

感受是播音员主观能动性的产物，它有经验的积累因素，也有先天的素质因素。我们要发挥自己的主观能动性，在理解文字稿件内容的基础上，使自己主动接受刺激，积极产生内心反应，这就是感受，使之溶化在播音语言中。

一、形象感受

播音员对稿件的感受，首先取决于稿件文字的形象性。它是播音员表达思想感情，给受众以感染的条件，因而也必须以稿件为依据，去挖掘、去接受它。播音员由稿件的文字语言中，由其中包含着的形象性中，可以看到、听到、嗅到、尝到、触到文字符号代表的客观事物中的种种事物，也可以知道时间发展、空间移动、事物运动，这是记忆联想和再造想象的过程。下面分别作一些练习。

（一）视觉感受提示及练习

从稿件的文字语言中要能“看到”所描写、叙述的具体的人、事、物。播音员应“历历在目”，浮现在眼前。这是一种非直观的视觉想象，也叫内心视象。视觉感受的目的在于透过文字

“目击其物”，用视觉来诱发内心更深层次的感受。

一年不见，他脸胖得简直成了发酵的面团儿。

听到批评，他的脸一下子拉长了。

阳光下，那壮汉的脸泛着紫铜一样的光泽。

她常年营养不良，面带菜色。

他一声不吭，脸似石刻一般冷酷无情。

老板是个胖子，那张脸又白又肥，像一团油脂。

小女孩的头发黑黑的，直披到肩上，靠近前额和耳边的头发都是自然卷曲的。

奶奶一天天老了，灰白的稀发犹如乱麻。

我恳求了半天，可那个人的心简直是块铸铁，脸上依然冷漠而无一丝表情。

她太兴奋了，脸上好像涂了一层清漆似的闪着亮光。

王清天生丽质，不高不矮，不胖不瘦，举手投足毫不做作，处处给人以美观大方的感觉。同学和同事们说她不用刻意修饰打扮都是“浓妆淡抹总相宜”。与之交往，她简直纯洁得像一潭清澈透底的泉水，让人有清风扑面之感。她在同学中留下了“散淡姑娘”的美誉。

我掀开帘子，看见一个小姑娘，只有八九岁光景，瘦瘦的苍白的脸，冻得发紫的嘴唇，头发很短，穿一身很破旧的衣裤，光脚穿一双草鞋，正在登上竹凳想去摘墙上的听话器，看见我似乎吃了一惊，把手缩了回来。

涮羊肉是冬令佳肴。每年从秋末开始，直到次年暮春，在东来顺的餐厅里总是笑语喧哗，座无虚席。一个个紫铜火锅，炭火正红，热汤滚沸，一盘盘薄达一毫米以下的羊肉片，红白相间，像朵朵盛开的鲜花。衬上嫩绿的白菜，雪白的粉丝，玉石一般的糖蒜，每张餐桌都像一幅精致的图案，就是看看也是一种享受。

音乐的节奏变得激越了，刘敏仰天飞快地平转，仿佛灰暗的空中飘下的一团飞旋的雪花，向舞台的边缘转去。忽然，她消失了，人们还没来得及看清她的脸，她却毫无防备地跌入两米多深的乐池，舞台边铺着的蓝布被她的身体撕开飘起，像深井中溅起的水花……

井岗山五百里林海里，最使人难忘的是茅竹。

从远处看，一片郁郁苍苍，重重迭迭，望不到头。到近处看，有的峻峭挺拔，好似当年山头的岗哨；有的密密麻麻，好似埋伏在深坳里的一支奇兵；有的看来出世还不久，却也亭亭玉立，别有一番神采。

金秋时节，天高气爽，我们驱车行进在福建省平和县宽阔的水泥公路上，放眼窗外，仿佛进入了“绿色海洋”，那一片片层层叠叠的蜜柚园和香蕉带，构成了一幅幅美丽的画卷；那数不清的黄澄澄柚果和串串香蕉，把平和的山山水水点缀得更加娇媚，人们称它为“绿色银行”。

天逐渐放亮了，远处玉龙雪山的影子慢慢清

晰起来。6时许，峰顶上的云彩忽然有了红晕。这里的日出与别处大有不同。由于海拔高和高山遮挡的缘故，在整个过程中，只见朝阳映照在巅峰上的云彩和山峰上，并没有通常那样一个圆圆的大火球出现。朵朵云彩瞬息万变，有的发紫，有的苍白，有的呈红，还在随风飘移。扇子陡主峰在朝霞的映衬下，忽而一片暖红，忽而又冰清玉洁，美不胜收。

雨中去访灵隐，一下车，只觉得绿意扑眼而来。道旁古木参天，苍翠欲滴，似乎飘着的雨丝儿也都是绿的。飞来峰上层层叠叠的树木，有的绿得发黑，深极了，浓极了；有的绿得发蓝，浅极了，亮极了。峰下蜿蜒的小径，布满青苔，直绿到了石头缝里。在冷泉亭上小坐，直觉得遍体生凉，心旷神怡。亭旁溪水铮琮，说是溪水，其实表达不出那奔流的气势，平稳处也是碧澄澄的，流得急了，水花飞溅，如飞珠滚玉一般，在这一片绿色的影中显得分外好看。

（二）听觉感受提示及练习

文字语言所描述的声音，刺激了我们的听觉器官，这种间接刺激，引起了听觉想象。当然这也和播音员的经历和体验有关。在分析理解和具体感受稿件过程中，要充分展开听觉想象，切实感受到具体声音的刺激。

屋顶上，鸽子咕咕咕咕地低声叫着。

旁边，一锅野菜在水里煮得“咕嘟咕嘟”响，空气中飘浮着一股诱人的香味。

说着，她放下担子，脱了鞋，朝田埂上一搁，“哗啦哗啦”地淌进了泥水汪汪的稻田里。

这时一阵闷雷轰隆隆地响了起来。

呼呼的大风给秋雨的合唱伴奏着，无数雨点儿在大地上跳着轻快的舞。

“嘘——，别出声!”她把食指放在嘴唇上，止住了我的话，同时瞪大了眼睛，仔细倾听门外的动静。

中国音乐的节奏实在是太迷人了，很奇妙，尤其是《霸王卸甲》。那只神奇的琵琶，时而铿锵激越，时而温情款款，时而肝肠寸断，时而气壮山河……听得梅塔心神俱醉。

在窗外，小贩们扯着嗓子高声叫卖中，在对面录相厅侠客打斗的“哈！嗨！”和女人嗲声嗲气的娇滴滴中，在邻家音响超分贝狂轰滥炸的劲歌摇滚乐中，我家电视屏幕上《国魂》第二集开始了。

说不清是因为什么，几个无声的镜头闪过，竟驱散了屋外的市井嘈杂，我一颗浮躁的心，渐渐地沉了下去，沉了下去……

眼前是：繁花似海，高楼如云，绿荫如屏……

耳边是：歌声阵阵，书声琅琅，笑语声声……

海终于愤怒了。它咆哮着，猛烈地冲向岸边袭击过来，冲进了岩石的罅隙里，又拨刺着岩石的壁垒。

声音就越大了。战鼓声、金锣声、呐喊声、叫号声、啼哭声、马蹄声、车轮声、机翼声掺杂在一起，像是千军万马混战了起来。

音乐戛然而止，剧场刷地静下来。好像人们用双手小心翼翼捧托着的一件宝物被打碎了。四周的空气凝固了，静得使人窒息。忽然，一个观众挥手高叫：“舞台太小了！”随之爆发出一片喧哗，“太可惜了！”“完了！”“不死也残了！”人们像潮水般涌向台口，观众的叹息声，救护车的急切呼叫声，汇成一股躁动不安的洪流，在剧场内外激荡。

光阴似箭，一晃人到中年了。生活教会了我如何生存，坎坷教会了我如何奋斗，痛苦使我更坚强，音乐却始终给我带来无限的希望。当我遇到困难与挫折时，我就静下心来听一首交响曲，闭上眼睛让音乐把我带入美妙的幻想。我就是卡拉扬，在气势如虹的乐曲中，我指挥着千军万马一往无前。管乐是我的坦克，弦乐是我的后勤，定音鼓是我的重炮，弹拨乐、打击乐是我代战公主！一场残酷的战争之后，双簧管好似和平鸽，我双手捧着水淋淋音符，让白鸽在蓝天中飞翔……

乐曲奏完了，我睁开双眼，一个新世界在闪光，困难挫折犹如是个小噪音，只需稍加修整就能克服。

入夜，山中万籁俱寂。借宿寺旁客房，如枕泉而眠。深夜听泉，别有一番滋味。泉声浸着月光，听来格外清新。白日里浑然一片的泉鸣，此时却能分出许多层次：那柔曼如提琴者，是草丛中淌过的小溪；那清脆如弹拨者，是石缝间漏下的滴泉；那厚重如倍司轰响者，应为万道细流汇于空谷；那雄浑如铜管齐鸣者，定是急流直下陡壁，飞瀑落入深潭。至于泉水绕过树根，清流拍打着卵石，则轻重缓急，远近高低，各自发出互不相同的音响。这万般泉声，被一支看不见的指挥棒编织到一起，汇成一曲奇妙的交响乐，在这泉水的交响之中，仿佛能够听到岁月的流逝，历史的变迁，生命在诞生、成长、繁衍、死亡，新陈代谢的声部，由弱到强，渐渐展开，升腾而成为主旋。我俯身倾听着，分辨着，心神犹如融于水中，随泉而流，游遍鼎湖。又好像泉水汩汩滤过心田，冲走污垢，留下深情，任我品味，引我遐想。啊，我完全陶醉在泉水的唱歌之中。说什么“山不在高，有仙则名”，我却道，“山不在名，有泉则灵”。蕴育生机，滋润万木，泉水就是鼎湖山的灵魂。

谢大光《鼎湖山听泉》

（三）嗅觉感受提示及练习

稿件中关于嗅觉的描写，也会对播音员形成间接刺激，我们要主动接受这种刺激，使它形成感受。气味有多种多样，我们要在想象中辨别。在感受稿件中嗅觉方面的描写时，呼吸的作用不是消极的，它会帮助我们加强感受，加强体验。

我一个劲地烧，正烧着，忽然锅里冒起了黄色的糊泡，泡破后带出一股白色的浓烟，并带着一股刺鼻的糊味。我慌了，立刻用水把火浇灭。凉粉变成了一锅黄汤，我气得真想连锅都砸了。我只得又去一趟问一问。原来火烧得太大，该用小火烧。

油菜花期一过，我们离开巴山蜀水，穿过秦岭峪口，到关中采槐花蜜。

五月，八百里秦川，奏出一曲曲绿色的秦风。我们的蜂群栖在小村，小村是音符，它笼在槐荫里，落在塬上。村中房舍两排相对，整齐划一，墙上长着厚厚的绿苔。冲天槐树，枝叶相交，遮蔽大大小小的院落。绿叶扶疏，槐花闪灼，或嫩黄或明黄，似无数缩小了的蝶儿。满村走去，清香幽幽。出巢的蜜蜂绕树三匝，嗡嗡争鸣，寻花逐蜜。

正在人们你推我搡的时候，车门开了，几乎同时，紧挨车门的一个车窗也开了，售票员小姐的上身探了出来，她快速地打开一把伞，罩在车门上方，她一面满腔热情地叮嘱着，一面为她的乘客遮雪挡风。

那伞，犹如寒冬中盛开的伞花，给淡淡的街景平添了一种美。

虽然伞花下面的空间只有巴掌大，虽然，小小的伞花遮挡不了多少风雪；然而，伞花下面却突然晴朗了，空气顿时温暖如春了。

看，堵在车门外的乘客不再用力挤了，他们为那个抱孩子的母亲闪开了路，让那母子先上车；母亲怀抱中的那个男孩，眨巴着小眼睛默默地看着眼前的一切，在他幼小的心灵上，会烙上一些什么呢？

是的，一朵小小的伞花，净化了空气，不管是谁呼吸到这清澈芳香的空气，都会感到社会是很美的。

那个雨中的小站，没有遮雨棚，不知为什么，只有我一个人，雨很快打湿了我的头发和肩膀，但是我好像并不怕雨。雨把树木和草地淋出了浓浓的绿意。在细雨的淅淅沥沥中，一切的一切都静了，柔了……

没听到脚步声，忽然间，一把伞罩在了我的头的上方；我侧了侧脸，脸一下子感觉发烫，啊，撑伞的竟是个漂亮的女孩子，是她把伞的一半让给了我。

我无声无语，头脑木木的，空空的，仿佛敲一下，能听到脑子里的回声。

我没有再看她一眼，她好像也没再看我，我和她就那么一动不动地站着，站成两个石雕。唯一飘拂的，是从她那边浸溢过来的缕缕香气，有点玉兰的味道，淡淡的；我明白，那是女孩的芳香，我不习惯，可也说不上讨厌，特别是在这时候……时间好像停止了。我和她同在一个伞盖下，就那么一动不动，不声不语，直到水淋淋的汽车来到小站。

（四）味觉感受提示及练习

吃东西时可感觉到的滋味，苦、辣、酸、甜、咸都会对人们产生刺激。在稿件中也会经常出现对滋味的描绘语言，播音员也应主动接受它们的刺激，从而产生味觉感受。

京城的大院数不清，京城的名胜古迹也是世界罕见的，然而，这一切都不是我的，属于我的唯有那小小的四合院和院里的那棵枣树。

枣树是已经很老了，像个老古董，它活了多少岁没有人能数清。每逢秋天，那满树的大枣，喜人、馋人，那枣一头尖尖的，皮薄而肉厚，一咬又脆又甜。

他大着胆子把一颗未熟透的青杏儿放进嘴里，咬了一口，顿时像被扎痛了似地扭歪了脸，紧紧闭上眼睛，老半天也不敢再嚼下去。

忽然，她把通知单往脸上一捂，呜呜大哭起来，哭得那么淋漓尽致，哭得那么失声，哭得那么解恨。

渐渐的，那张录取通知单被又甜又酸又苦又涩的泪水给湿润了。

此物已买过，算得上是积得了最直接的经验。这次便毫不犹豫地又买了1斤，拿到家中，正好朋友带小孩来访。于是将开心果倒在碟子里，请小朋友吃。孩子没吃过，我告诉她："这是来自美国的开心果，比花生瓜子都好吃，一吃就开心。"

孩子吃了一颗，说："阿姨，开心果是酸的么？"

她妈妈立即训她："这孩子怎么这么不会说话？开心果可香了。"

孩子又吃了一颗说："阿姨，开心果是涩的

吗?”

这下连我也觉得难堪了，说：“怎么会是涩的呢？你再仔细尝尝。”

孩子吃了第三颗开心果，我们都期待着她开心。没想到她扑地将果实吐出来，咧着嘴说：“我再也不吃开心果了，它是苦的。”

我和她妈妈一人抓起一把开心果，扔进嘴里，大嚼特嚼。这一次在相同柜台里买的开心果，又苦又涩又馊。

星星还是那个星星，月亮已不是那个月亮。

那天傍晚，我是跟她一块回村的。她的背上是我的小半捆草，我背上是她的那磁磁实实的一大捆，草稞里插着五颜六色的野花，走一路飘一路花香。

哦，我明白了，今天她是用这些野花在给我送行呢。她人呢?

我又发现了她的痕迹：被雨浸透了的这条小路上，印着一长串我熟悉的她的脚印儿，一左一右的桔子瓣儿——那是她的塑料凉鞋踩出来的。

“说不定她在前面什么地方等我呢!”我这样一想，一股又酸又甜的热流涌到了嗓子眼儿，我加快了步子，超过了爸爸，寂静的小路上只有我吧叽吧叽的脚步声。

（五）触觉感受提示及练习

接触所产生的感觉在日常生活中是经常出现的。比如冷暖、软硬、轻重、疼痛等。稿件中同样也会出现这样的文字描绘，播音员也应透过文字表面，主动接受这种刺激，引起触觉想象，产生相应的感受。

“这个手术我来给你做，希望你能配合我。”话语轻柔得像一团云，一团雾。不，像一团松软的棉球，轻轻地擦着疼痛的伤。

朝鲜的冬天，三日冷两日暖的。碰上好天，风丝都没有，太阳暖烘烘的，好像春天。

雨中的猫儿山如披着轻纱的美女，峭壁凌空的山峦，无边无沿的林海全锁在雾中。而近处古木参天，树下落叶盈尺，土软如棉。空气中似乎有流动着的水，沾在衣上，潮乎乎的。

那纷纷扬扬，飘飘洒洒的雪花，晶莹透明，沾衣欲湿，扑面不寒，落在黑黝黝的土地里，立刻化为团团温馨的热气，让人感到喜悦。

我挑着担子往前走，我觉得担子更重了，重得像两座山。我还是担着担着，我觉得脚像踩着了棉花，软绵绵的，我还是走着走着。

冬天是透明的。

透过稀疏的树枝可以看到湖上的冰雪，看到远山和村庄，看到像蚂蚁那么小的一串行人。冬天就像它结成的冰那样透明。像X射线可以透视人体的骨骼，冬天可以使人透视宇宙的心脏。

冬天使人清醒。

一个朋友告诉我一个海外游子的故事，他是个音乐家，多年前由于不得已的原因，去了新加坡，后来担任了一个乐队的第一提琴手，并把家属接了去。以后他每年冬天都要独自回国一次，他说就是为了要呼吸一下祖国的冬天的凉气，那使他浑身舒适、头脑清醒的凉气。

——郁风《冬日抒情》

（六）动觉感受提示及练习

动觉，也就是运动觉，是说客观物体在一定的空间、以一定的时间进行的有机活动。对播音员的刺激，应比这更深一层。播音员要从稿件中描绘的运动想象使自己主动接受它们的刺激，以便产生切身的感受。

刘敏翩然起舞，时而像云一样轻盈，时而像剑一样刚劲，时而像地底滚动的岩浆那样深沉有力，时而又像幽暗处透出的微光那样飘忽不定。

炉火的微光渐渐地暗下去，外面更黑了。我站起来要走，她拉住我；一面极其敏捷地拿出穿着麻线的大针，在那小桔碗的口上十字交叉地穿上麻线，用一根小竹棍挑着，又从窗台上拿来一段短短的洋蜡头儿，放在里面点起来，送给我说："天黑了，路滑，拿这盏小桔灯照你上山吧！"

普通奥地利观众对中国民乐的热情的确令人难忘。他们不停地鼓掌、大声地喝彩、忘情地吹口哨、狂热地跺脚……仅仅通过一场音乐会，他们或许还不能真正理解《二泉映月》凄冷苍凉的人生感慨，也无法细致地品赏《春江花月夜》的精美典雅，但他们迷恋那朵曾盛开在普契尼歌剧中的《茉莉花》清远的幽香，他们陶醉于《瑶族舞曲》中浓郁奔放的异族风情，他们在认真倾听。

听到这个朝思暮想的好消息时，我的同座腾

地一下跳了起来，“嗷嗷”着疯狂地来了一长串霹雳舞动作，什么蝎子拐啦，太空步啦……他狂舞着，身体如行云流水，简直是失去重量的棉絮在飘，在浮，在令人眼花缭乱的动作中，能看到他的脸兴奋得像用水洗过的红苹果。

这时，黄河，他又看见黄河燃烧起来了。赤铜色的浪头缓缓地扬起着，整个一条大川长峡此刻全部溶入了那片激动的火焰。山谷里蒸腾着朦胧的气流，他看见眼前充斥着、旋转着、跳跃着、怒吼又轻唱着的一团团通红的浓彩。这是在呼唤着我呢。瞧这些一圈圈旋转的颜色。这是我黄河父亲在呼唤着我。

（七）时间、空间感受提示及练习

对于时间、空间的知觉在感受中也是经常出现的。时间想象是一种对客观事物发展运动的延续和顺序感受的积累，及其在具体语言环境中的新的组合。在空间想象中，播音员眼界开阔到什么程度，就会对作品描绘的空间认识到什么程度，以致感受到什么程度。

五月常常被称为季节的女王。那个像五月一样美丽的人埋到地下已经 37 年了。与她共同走过的十几年是我人生中最为辉煌的青年时代。

妻子没有卧病太久。她没有留下遗言——连留遗言的时间都没有，终于在1960年5月27日离开了人世。

曾有人问我，一生中最绝望的一刻是什么时候。我说，是妻子辞世的那一天。

“你怎么想?”她父亲问。

她沉默片刻，那短暂的一瞬令我觉得那样漫长。终于，她清楚而果断地回答：“如果不能和他结婚，那我这辈子谁都不嫁。”

“已经200多天了，廖珊，你究竟在哪里?”王宝玉，一位江西财经大学的退休教师，1997年2月22日，儿子廖珊不慎在杭州走失，从此，她开始踏上漫漫寻子路，几乎成了一个流浪者。足迹开始向外延伸，上海、苏州、南京、湖州、嘉兴、绍兴……半径越拉越长。一头黑发，半年多时间就变得花白。

盛产南国的生姜、芋艿、甘庶如今已在新疆南部的塔克拉玛干大沙漠西缘安家落户。

水是竹海的精灵，由山导引，忽儿一道涓涓清流，忽儿一座悬泉飞瀑，忽儿又成为一潭照影碧水；竹是竹海的神韵，无论在山巅，无论在低谷，还是在水边，都挺立着清秀挺拔的绿竹，亲亲密密地你挤我，我挤你。楠竹高大，绵竹密集，花竹斑斓，罗汉竹奇特……千姿百态，爽心悦目。兰花、山茶花、杜鹃花等众多山花点缀其中，竹猴、竹蛙、透山龙等珍稀动物隐现其间，令人目不暇接，情趣横生。

神奇的竹海随季节变幻而展现出不同的丰采：春天，新笋茁壮，生机勃勃，洋溢着生命之伟力；夏日，林中铺满凉意，阵阵微风拂透人心；秋天，琴蛙秋虫合奏，竹子仍然翠绿；冬日，雪涌竹海，翠白辉映，挥洒高洁与清纯。

鸟儿只觉得光阴在匆匆忙忙中逝去了。然而，它们不知道时间是无限的、永恒的，逝去的只是鸟儿自己。它们像着了迷似地那样剧烈，那样急速地振翮翱翔。它们没有想到，这会招来不幸，会使鸟儿更快地从这块土地上消失。

鸟儿依然忽喇喇拍着翅膀，更急速，更剧烈地飞过去……

——〔日〕东山魁夷《听泉》

淖，是一片大水。说是湖泊，似还不够，比一个池溏可要大得多，春夏水盛时，是颇为浩淼的。这是两条水道的河源。淖中央有一条狭长的沙洲。沙洲上长满茅草和芦荻。春初水暖，沙洲上冒出很多紫红色的芦芽和灰绿色的蒌蒿，很快就是一片翠绿了。

开始是一处薄薄的竹林，掩映着一户人家的瓦檐。跟着，李树的枝椏里，露出一间牛圈；核桃树斜斜地荫翳的地方，现出立在石阶上的房柱，还有厢房的、没有漆过的壁板。人家疏落地散着，又被树木和菜地连在一起。水塘边上还能看到一间四四方方的、早年留下的祠堂，那青色的砖壁，直让人想到这里的日子的久长。

（八）综合感受提示及练习

播音中的形象感受并不是孤立的、单一的，而是互相联系、互相渗透、互相作用的，总是在稿件中综合表现出来。如果确切地感受到了，说明已经开始了思维积极活跃的运动程序，为转化为情感运动准备了条件。

下面的练习请你体会一下。各种感受是融合在一起的，有时是同时出现的，互相交错，不可分割的多种丰富的感受，它是感受的深化，而不是感受的简单相加。练习，可使我们抓住本质特征，引发情感。

现代都市人在钢筋水泥的“丛林”中住久了，在某个春意盎然的早晨也会忽发奇想：假如有这么一个地方，靠山未进山，近城不进城，“四时花不断，八节佳果香”……有桃树、枇杷树、梨树、桔树、李树、葡萄架、茉莉花，以及黄荆、马桑树、巴毛等野生绿色藤蔓植物，还有喜鹊、画眉、野鸡、野兔、布谷鸟出没其间。在粉红色的桃花丛中，一张张桌椅早已摆好，亲朋好友可以在这里喝茶聊天、玩牌嬉戏，生意伙伴把酒言欢，顺便品尝一下农家的腊肉和新鲜蔬菜。当天可以回城，如果流连忘返也可以夜宿农家，或就近找一家星级宾馆住下。等到第二天醒来，都市生活的喧嚣和疲惫已被淘洗得一干二净。

1997 年 9 月 2 日，美国德拉瓦尔河以低沉的哭泣，向人们诉说着一个悲壮动人的故事。

这天，新泽西州医科大学研究生会组织郊游，到德拉瓦尔河去划独木舟。13 名参加者中，有 6 名是中国留学生，崔剑平也在其中。在这风景如画的水面上划舟漂流，同学们你追我赶，好不惬意。

中午时分，当船队划行到一处有公园的地方，同学们有的上岸休息，有的下河游泳。此刻，河中心突然传来刺耳的“救命”声。崔剑平回头一看，原来是落入水中的中国留学生游若旭在拼命地挣扎。崔剑平连衣服也没顾得脱，便飞身跃入水中，奋力向溺水者游去。紧随其后，两名美国同学也即刻下水营救，另一名美国同学则驾起独木舟划向救人的地点。崔剑平一头潜入水中，用尽全力将游若旭托到独木舟上。就在这时，崔剑平的头部突然受到意外的撞击，悄无声息地沉入水底。崔剑平时年26岁。

书屋，一个奇妙的世界。文人学者，谁不想拥有一个自己的书屋?

这里，也许很小，却装下了大千世界，浓缩了浩渺历史。古之圣人，今之贤达，都集结在这里。向前人讨教，向外人学习，向同行取经，都可足不出户。这里，是一个知识的充电房。工作中累了，你走进书屋，翻开一本书，渐渐，一种别样的滋味来到你的心头，定使你倦意全消；生活中遇到了麻烦，你走进这里，书本里的世界，给你的心头吹来一股清新的风，什么心烦的事儿都随风而去了。这里，又何尝不是一个休闲的绝妙之所呢?

近日，我在筹划着，想搭盖一个“作家爱心书屋”。

这个书屋，不是建在我的住舍中，她是建在广阔的田野上，建在贫穷的山区里。她不属于我，而是属于山区的老百姓。

村中户户养鸡，清晨一家鸡叫，家家鸡鸣，鸡犬相闻持续半个时辰。我们梦中醒来，起床，西天一片乌蓝，东方才一抹红霞，就挑铁桶，提水去。村里的一眼井，在几棵老槐掩映下，水清味甜。井边洗衣的姑娘都美，有槐花般的灵气。同她们聊，笑声喧哗，比说话声还多。向她们打听有鸡有蛋否，她们只是笑，几个胆大的还指指点点打趣。她们都实在，往往一只鸡才三四元，鸡蛋仅卖六七分。

关中老乡吃饭没有桌前用餐的习惯，蹲在槐树下，坐在废弃的磨盘上，大葱蒜泥辣椒，就着面条馍馍吃。我们经过，他们热情邀请，入乡随俗，也蹲着吃起来。我们也回请他们，一起豪爽地猜拳喝酒，尽兴而醉，至今想来，还回味无穷。

二、逻辑感受

逻辑，是关于人类思维规律的科学。好的稿件在逻辑上是严密的，如行云流水，天衣无缝。稿件中的逻辑关系，主要指文章的层次、段落、语句之间的内在联系，形成稿件自身的逻辑链条，应在播音员头脑中感受到。在这里要注意语言本质要准确，语言链条要清晰。它包括主次、并列、递进、总括、转折、对比等多种感受。我们也着重作一些练习。

（一）并列感受提示及练习

在稿件中，在全篇的语言结构中，层次、段落、语句、词组、词都可呈并列状态，并列状态只是有前后之分而无主次之分。只有感受的到，才能在有声语言中表现出来。

钟添发同时还宣布了其他9个项目的亚运会目标。男子手球：力争奖牌；女子手球：保银争金；男子曲棍球：前6名；女子曲棍球：保铜争银；男子棒球：前4名；女子藤球：团体金牌、单组力争前两名、花式前6名；高尔夫球：男单前6名、男团前10名；台球：斯诺克团体前3名、个人前8名；保龄球：女5人前3名、男5

人前3名。

在上述项目中，东亚的韩国、日本是中国队的主要竞争对手。

江阴市的“造绿运动”更具特色。他们拆房建绿、拆墙透绿、见缝插绿、河岸增绿、庭院添绿、居室缀绿，实现全方位、立体式的绿化，达到建一房绿一点，修一路绿一线，建一区绿一片。这里有以观赏花木、植物造景为主的植物公园，有“绿化小品”等。通过创建国家卫生城市，人们将步入一个地绿、水清、宁静的理想世界。

日前，由北大中国传统文化研究中心主办的汉学研究国际会议在北京香山举行。来自160多个国家的近300位著名学者出席了会议。这是建国以来在汉学研究领域层次最高、规模最大的一次国际性学术盛会。

本次大会的宗旨是：站在时代的高度，以开放的态度，把中国传统文化放到世界各民族文化大格局中加以研究，努力运用新的成果，为弘扬和发展中华文化服务。与会专家学者围绕着“我与汉学研究”这一主题，回顾近百年汉学研究成就，展望21世纪汉学研究前景。

具有开放性、前瞻性、科学性和灵活性的会议宗旨和议题吸引了众多汉学家纷至沓来。哈佛大学哈佛燕京学社社长杜维明、哈佛大学东亚学系系主任斯蒂芬·欧文、香港中文大学名誉教授饶宗颐、京都大学名誉教授清水茂、台湾中研院院士王叔岷、北京大学东方学系教授季羡林、北京大学哲学系教授张岱年、北京图书馆教授任继愈等一大批中外学者济济一堂，彼此交流信息，展示最新成果，共商学术发展大计。

在为期 3 天的会议中，各国著名学者在文学、语言、历史、哲学、考古等领域进行了深入探讨。这是学贯中西、开一代风气的学术大师的交流，更是中国传统文化与国外学术文化的世界对话。

（二）递进感受提示及练习

递进关系在语言链条中大量存在，它可使内容及情感进入一个新的天地。递进感在稿件中的关键是“进”，要能够感受的到，并准备在有声语言中把它展现出来。

此令一下，合唱团里几乎一无所有，没有一分钱流动资金，没有一平方米排练厅，甚至连一张办公桌、一间办公室都没有，只剩亟待养活的六十四个团员。

五月五日举行的歌曲回顾音乐会，展示总政歌舞团四十五年来的艺术成就，将多年创作演出的优秀音乐作品汇聚一台，既有五六十年代观众熟悉的歌曲，也有七八十年代脍炙人口的作品，又有九十年代的新作。曾在总政歌舞团工作过的歌唱家徐有光、苏盛兰、李双江等参加演出，给演出带来另一番光彩。

她是雪域奇莲，远离内地，久别亲人，赴高寒缺氧的“世界屋脊”，甚至在“生命禁区”里四处跋涉。她访师问医，征集药方，调查药源。那韧劲、那执著、那抵御恶劣环境的风骨，堪与雪莲媲美。这是人们对汉族女高级工程师雷菊芳的赞誉。

人类不仅要应付自然的挑战，同时要应付自身造成的灾难的挑战。永定河干涸了，黄河断流了，塔里木河在痛苦地腾挪。广袤的土地在呼唤水。水决定着人类的命运，决定着人类的明天。一念至此，我的心不禁沉重起来。

朝阳穿过树隙，洒落在她的身上，春风荡柳

为她起舞，鸟儿殷勤地为她歌唱，她用汗水精心地呵护着人们生存的空间，似细雨润物般把无限的爱融入成千上万人的生命之中。

花池中的迎春、丁香、桃花、杏花你不让我，我不让你地为这春光明媚的大地竞绘缤纷的美境。这是一个充满生机的时节，也是一个多梦的季节；草儿在做它的梦，树儿也在做它的梦；孩子们在做梦，大人们也在做梦，这大地上所有生命都在春天里做着自己的梦。无数的梦想，无数的憧憬，无数的机会，无数的开端……

刷刷的扫帚声，以它独有的韵律，在这春之声的旋律中奏响了生活的新曲。

北京大学建校一百年了。这一百年是二十世纪首尾的百年，是中华民族由弱转强、由衰转盛的百年，是由受列强侵侮到“中国人民站起来了”的百年，也是中国新文化运动不断发展到社会主义新中国文化初步建立的百年。这一百年也是中华民族勇猛前进、波澜壮阔又历经曲折的百年。在这一百年中，北大始终居于文化发展的前列。北大在百年中对于中国文化的除旧布新、继往开来做出了显著的贡献。

电灯的用途越来越广泛，人们对电灯的要求

也越来越高。不仅要求电灯要明亮，而且还要外表美观、使用寿命长、价钱低，尤其近几年来人们更多地关注灯的节电性能。节电性能好的，通常称之为“节能灯”，在同样光照亮度下，可以节电 80%。节能灯不仅节电、节约了电费，更主要的是节约了资源，保护了环境。每节约一千瓦时电，就可以减少由于发电而消耗的资源，就可以减少由于燃煤发电而造成的环境污染。人口、资源、环境是世界面临的两大难题，在人们眼中看起来很普通的灯却与其中两大难题直接相关。

（三）转折感受提示及练习

稿件中常出现上个段落或语句正说一件事、一个人或一个观点时，应该顺势而下，但却出现意向转入另一方向的情况，这是内容需要。播音员的思维中也应出现转折感受。

潘汉年，是一位令人敬佩的革命家。他有波澜壮阔的革命生活。然而，他的生命结局，却有悲剧色彩，历史永远为之感叹。

演员控制着情感和声音，台词念得很轻，声音很低，但却字字清晰入耳，仿佛是从心底里流淌出来的语言，极具感染力。

每一种艺术都有自己的市场，自己的观众层面，但这需要自己去拓展，去寻求，是坐等不来的。

他的“业绩出色”还让他荣获系统内优秀工作者称号。他的“业绩出色”使单位业务额节节上升，同事们的福利奖金也跟着提高。但是，这一切都是他违法运作的“好”结果。

我国经过四十多年特别是近二十年的发展，生产力有了很大提高。然而总的说来，人口多，底子薄，生产力不发达的状况并没有根本改变。

声音是寻呼小姐留给用户的全部印象。我注意到何颖平时说话与普通人别无二致，但她告诉我接线时绝不能这样，否则一天工作六个小时，平均每小时接电话108次，嗓子会受不了，而且这样的声音也不美。在掌握了科学发声法，学会用“气声”说话之余，她对自己声音的要求是温柔甜美、富于朝气。但这个“度”确实不好把握，既不能矫揉造作，热情得过火，又不能言语铿锵，态度生硬。为做到不温不火，她私下揣摩了许久。

当代信息社会，虽可通过现代化的传媒工具进行文化交流，但是高品位的剧场艺术，尤其是经典剧目的演出与交流，依然不可或缺，难以替代。

（四）对比感受提示及练习

在稿件中常出现内容上的对比，这些对比无重要之分，只是前后对比，从内容上说是正反对比。播音员同样要主动产生对比感受。

月有阴晴圆缺，人有悲欢离合。

同样一个地方，可以是神庙，也可以是村民们健康活动的场所；可以鬼神当家，也可以人来做主。由此可见，问题的关键在领导，关键在领导的认识。对封建迷信活动，是坚决反对，力图改变，还是熟视无睹，任其发展。两种截然不同的态度，就有两个截然不同的结局。除了极少数装神弄鬼借此发财的人以外，群众都是懂道理的，只要你以理服人，工作到位，群众就会和我们一道前进。

在他们眼里，只有个人成果，没有集体成果；只有个人名誉，没有祖国荣誉。

春光三月，素有“菜篮子”美称的江苏省建湖县裴刘乡，已不见了往日的那一垄垄、一片片翠绿的蔬菜，代之而起的是满田的萋萋青草；农家院落不再是传统的那三间两厨一厕，而是新增了开着一排排窗子的“厢房”。这一变化是该乡推进农业产业化、实施以兔兴乡工程带来的结果。

（五）总括感受提示及练习

它指稿件中的段落、语句有领起作用、总结作用。播音员要主动接受并产生领起、总结的感受。

毋庸讳言，目前有些干部素质不那么高，精神状态不那么好。“话风”不正，就是这种状况的反映。在某些干部包括担负相当责任的领导干部中，往往好讲官话、套话、老话、废话，从文件来到文件去，从“老几条”来到“老几条”去，讲的尽是原则性道理和程式化语言，味同嚼蜡，毫无生气，更乏新意。重要会议和正式场合，领导干部作报告应当准备个稿子，有些稿子还得集体讨论、反复修改、广泛征求意见，以示慎重和负责。可是，有些同志不管什么会议和场合，都不会自己讲话，也不敢讲自己的话，总是拿着准备好的稿子照念不误，没有解释，没有发挥，该现场说明和即席作答的则一带而过，甚至读起稿子来还结结巴巴，时有错漏。有的同志连开个小会，连讲几分钟话，也无法离开讲稿半步，万一没有讲稿，那只好不着边际地说几句“以不变应万变”的套话。干部千人一面是不可能的，讲话千篇一律就行了吗？当然不行。怪不得群众批评某些干部“吃的是‘小锅饭’，讲的是‘大锅话’”，还说，“‘大锅饭’正在打破，‘大锅话’却很盛行”。这些批评，值得深思。

三、具体感受小结

我们已经就形象感受和逻辑感受做了练习，由于都是从具体稿件的具体环节上产生的，因此都属于具体感受。只有具体感受是不行的，还必须把各个环节上的具体感受综合为整体感受，才能为再创造打下一个基础。同学们一定注意，形象感受和逻辑感受是不能截然分开的，它们必须形成一个有机的整体，我们的感受才完美，才能形成为一个整体。应该指出的是，这中间，任何脱离稿件依据的偏激感受都会造成感受的不准确。另外，整体感受，不是具体感受的混合。形象感受中，就分布着逻辑感受的神经，而逻辑感受中，也充满着形象感受的血肉，可以说，整体感受是感受的深化。具体感受与整体感受中，都应以稿件为依据，它也必然以播音员自身的素养、经验为根基，不同的人，当然感受的层面也会不一样。那完全吻合稿件要求的，就是播音员的独特感受了。那些不符合稿件需要的，是属于杂质的东西，应该抛弃。播音中，要重视自己的独特感受，在这方面允许创造性的去探索、发挥，而没必要强求一律。

第三章　态度感情

理论提示　上一节我们进行了具体感受的训练。我们从无声的文字中，通过想象，接受了客观外界的一定刺激，从而产生了一定的感受。感受如何向纵深发展呢？

由于感受已被我们体验，它便会继续前进。由于播音员本身具有的思想、价值观念的存在，它会对这些外界的人、事、物、理等刺激物产生一定的估量、判断和评价。肯定所是、否定所非，进而歌颂真、善、美，抨击假、丑、恶，面对广大受众，郑重、热情、平等、亲切。这种从稿件、从播讲目的需要出发的褒贬、张扬，毫不隐晦，十分鲜明，这就是态度。

播音，通过感受的表现来再现生活是语言艺术的一大特点。“感人心者，莫先乎情”，怎么能指望你的无情之语能打动有情之人呢？稍有虚假，就会适得其反。感情是感受的更高一层的心理过程。它是感之于外、受之于心的更积极、更炽热的反应。感情反映着态度的差异，反映着感受的凝聚。但感情更具有外射的功能、主观的特征。感情是多种多样的。下面训练将围绕着态度感情来进行。按照要求练习时要主动、积极反应。

一、态度分寸

稿件作者，总会清晰地表明自己的态度的。尽管有时让形象或事实说话，以避免直接说教。播音员经过对稿件的分析、感受，必然要作出一定的评价和反应，这是一个更加深化和再次升华的过程。态度就是在这深化、升华中获得了清晰的具体性。我们不应把它理解为抽象的、简单的数学公式，而应该从历史的和现实社会的实践中辨别它的多种形式。拥护，反对；赞扬，批判；都是态度，而每一种态度又会有些细微的差别，这就是不同的分寸。在深入、精细感受稿件基础上，恰如其分地表现出态度的千差万别，会使你的有声语言更加感人。

为了便于练习，我们把态度分为五类。

（一）肯定和否定类

播音员对稿件中出现的人、事、物、理，都应有明确的是非褒贬，区分是非、好坏。凡属于是的、好的，就要肯定；凡属于非的、坏的，就要否定。

训练提示 本练习选编了几条新闻性质的内容，每篇的肯定部分与否定部分区分的很明显，大家认真备稿会一目了然。练习中肯定或否定的态度应该鲜明。那种态度暧昧，或无态度的色彩是达不到练习目的的。

桂林以婀娜多姿的奇山秀水著称于世，漓江、桃花江、小东江、南溪河穿城而过，象鼻山、叠彩山、七星岩、伏波山坐落城中，榕湖、杉湖、桂湖镶嵌市区，形成“景在城中，城在景中”的独特城市景观，是我国著名的风景旅游胜地。

然而，随着旅游业的发展和城市建设规模的扩大，人们越来越感到桂林市区的路太窄了，水太小了，山被遮住了，拥挤的街道、狭窄的桥梁、破旧的房屋、昏暗的路灯，与秀丽的山水越来越不协调。城市建设的滞后和管理水平的低下，严重制约着桂林社会经济和旅游业的发展。一些游客将桂林的城市面貌形容为“漂亮的姑娘穿着破衣裳”；一位来自广东的农民游客甚至断言：“桂林山水美如画，城市不如我乡下!”

一段时期以来，过年送礼拉关系之风愈演愈烈，不仅表现在个人掏腰包为领导送礼，而且出现了公款送礼现象。一些部门或单位为了拉关系，套近乎，用公款给顶头上司或主管部门的领导层层“送礼”表心意。一些人深更半夜给领导送大包小包外加“红包”，跑官跑调动。而有些领导见“礼”不怪，心安“礼得”。送礼者、收礼者似乎都沉浸在情浓浓、乐融融的气氛中。

群众讲得好：“廉不廉，看过年。”这些年，虽然年年“廉”钟常敲，“廉”风常刮，反腐败斗争振聋发聩。但有些单位、有些人未必就耳聪目明，自觉反省，引起警觉。现实中，礼还在送、还在收，只不过送的方式由“明”转“暗”，档次由“低”到“高”罢了。这种“送礼”与“拉关系”之风严重败坏了党风廉政建设，破坏了党群、干群关系，如此下去，后果相当严重。

愿各级领导洁身自好，廉洁自律，对送“礼”者拒之门外，坚决刹住送礼之风。

李登辉罔顾全国人民的愿望，不仅顽固地阻挠、破坏两岸关系的发展，而且还跑到美国去大放厥词，造成了海峡两岸关系的紧张，进而在去年7月公然抛出“两国论”，彻底暴露了他企图将台湾从中国分裂出去的真面目。中国共产党和中国政府领导中国人民，与李登辉为代表的岛内分裂势力企图制造“台湾独立”、“两个中国”、

“一中一台”的活动进行了坚决斗争，坚定不移地维护了一个中国的原则，沉重打击了分裂和“台独”势力的嚣张气焰，捍卫了国家的主权和领土完整。

日本右翼势力公然在大阪集会否定南京大屠杀，撒下弥天大谎，酿成刺伤中国人民感情、危害中日关系发展的严重事态，而且就在右翼势力举行反华集会前夕，日本最高法院竟然判决揭露南京大屠杀真相的日本老兵东史郎败诉，无视公理，压制正义，迫害历史证人，掩盖历史真相。日本右翼势力掀起的这股为侵略历史翻案的逆流引起全中国人民的强烈愤慨。

（二）严肃和亲切类

郑重、重视、不苟且、不随便，包括严厉、尖刻、冷峻、嘲讽、轻蔑等都应包括在严肃态度的范围之内。而和蔼、亲密、平易、温存，也包括活泼、顽皮、幽默、嬉戏等应该属于亲切态度之内。这两种态度虽然不是互相对立、完全相反的，但应该加以区别。

训练提示　本节练习严肃和亲切类各选了一例，供同学选用。前一条为严肃类，后一条为亲切类。一条中，也并不都是从头到尾一个样式，只能说是大体上。严肃或亲切，主要取决于稿件的内容，练习中应避免故作严肃或亲切的形式，而游离于内容之外，这点应引起我们的注意。

1. 辉煌的寂寞

玛拉沁夫

我是个球迷，只希望节日期间电视台播放一场精彩的足球比赛，遗憾的是“球迷每周的节日”那个节目的主持人们，都忙于跟足协较劲，对他们的本行——足球，已无兴趣，节日期间已经没有了“球迷的节日”。我只好另找去处，只图节日里有个好心情。各类博物馆名录一栏中，列有博物馆、纪念馆、陈列馆、名人故居等，竟有八十六处之多。我在北京已居住多年，竟然不知身边有这般多“文化圣地”。于是选定去看中国古代建筑博物馆。我的小外孙愿与我同往，他就读于景山学校，正值好学善问、增长知识的年龄，我们一老一少，搭配得当。

当我们走进先农坛时，只觉得那里格外冷清，放眼不见人影，恍若身临深山古刹之中。

利用先农坛主殿——拜殿改修而成的展览大厅，依然留有几分帝王气派，空阔而高深，展品与挂图都是上乘之作，该华美的华美得巧夺天工，该朴拙的朴拙得精微绝奇。

参观“中国古代建筑发展史”时，我与小外孙发生了分歧，我想仔细观赏具有历史意义的一些建筑物，小外孙却对中国古代建筑独有的斗拱榫卯工艺感到特别神秘和新奇，我们只好各取所好，各看各的。

一座著名的建筑物，几乎可以浓缩一个时代的历史。每一座具有历史意义的建筑物都浇铸着、镌刻着、雪藏着那个时代的时尚与智尚、文明与文化、科技与工艺的神髓。观赏古代建筑发展史，有如走过一条长长的历史通道，使人萌发许多回味、反顾、联思与延想，而这一切可以全然归一；中国，这方土地太叫人生服死恋。

看来小外孙“研究”斗拱榫卯的收获也不小，他从百米以外大厅的那一角以百米赛的速度向我跑来。我赶忙劝他：别跑，撞着人！他答说：还哪儿有人哪，整个上午就咱们两个参观。可不，我们进馆已经整整四个小时了，博物馆里再没进来一个参观者。

北京城居住着一千多万人口，节假日里想到哪儿去，纯属个人的事，谁管得着！只是如此辉煌的艺术殿堂，显得过于寂寞了。辉煌的寂寞比寂寞的辉煌更令人操心。

2. 消息

第50届柏林国际电影节昨天在柏林落下帷幕。经过激烈角逐，由我国著名导演张艺谋主导、章子怡主演的《我的父亲母亲》获得本届柏林电影节评委会大奖银熊奖。我国著名演员、本届柏林电影节评委会主席巩俐女士当天下午在电影节闭幕的新闻发布会上宣布了上述消息，并于当晚在电影大厅主持了隆重的颁奖仪式。她说："今天对我们评委来说，是一个轻松和愉快的日子。"

张艺谋和章子怡一起登台领奖。张艺谋说："今天由巩俐宣布我得奖，我觉得是最富有戏剧性的。12年前，我们的第一部电影在这里得奖。那时候巩俐没有来，我一个人来领的奖。从那时候开始，柏林便是我一个永远值得回忆和难忘的城市。"

获得本届电影节最佳影片奖即金熊奖的是由保罗·托马思·安德森导演的美国影片《木兰花》。由心维姆·文德尔斯导演、德美合作拍摄的影片《百万元旅馆》获得了评委会奖银熊奖，导演文德尔斯在领奖后向巩俐敬献了一束鲜花，以表谢意。本届电影节的最佳导演奖获得者是美国影片

《月亮人》的导演米洛斯·福尔曼；最佳女主角奖由德国影片《丽塔传奇》中的两位女演员比比阿娜·贝盖劳和娜德娅·乌尔同时获得；最佳男主角奖被美国影片《飓风》中的黑人男演员丹泽尔·华盛顿夺走。此外，法国影片《向艾尔弗雷德致意》和捷克影片《传媒》分别获得柏林电影节短片金、银熊奖。

《我的父亲母亲》是参加本届柏林电影节惟一一部中国大陆拍摄的影片。巩俐是我国以及亚洲第一位在世界重大电影节中担任评委会主席的演员。由她主演、张艺谋导演的影片《红高粱》曾在1988年的柏林电影节上获得金熊奖。

（三）祈求和命令类

哀求、请示、劝告、祝贺、慰勉都属于祈求，是一种对他人的请求、祈使。有希望对方答应、接受的意思。

号召、宣告、法令、规定都属于命令的范围，指对他人的要求、指令。有要求对方服从遵守的意思。

训练提示　本节就祈求和命令类内容各选了两段练习稿，前两段为祈求，后两段为命令，大家可以对照理论来练习，把握好所要求的态度。在祈求与命令之间，也许会有复杂交错的现象，大家在练习中多加注意。

全军和武警部队要忠实履行全心全意为人民服务的宗旨，坚定不移地贯彻服从国家建设大局的方针，积极支持和参加国家改革与建设事业，为民造福，为国兴利。军队和国防建设关系国家的长治久安，是全党和全国各族人民的共同事业。各级党委、政府都要关心和支持军队建设，在干部群众中深入开展以爱国主义为核心的国防教育，认真抓好拥军优属各项政策法规的落实，积极配合部队完成教育训练、战略执勤等各项任务。要在全社会进一步发扬和保持军爱民、民拥军，军民团结一家亲的优良风尚。

在党中央、国务院着手实施西部大开发战略，伟大祖国即将跨入 21 世纪大门的时候，被新疆各族人民称为致富路的南疆铁路，全线开通运营了。这项“九五”国家重点建设项目的竣工投产，不仅是新疆 1690 万人民群众政治经济生活中的一件大喜事，也是将要有步骤、分阶段展开的西部大开发的一支响亮前奏曲。

在修建南疆铁路的数万名筑路大军身上，洋溢着一种坚韧不拔、百折不挠、艰苦奋斗、拼搏奉献的英雄主义气概。他们精心设计，科学施工，严格监理，不仅质量优良地按时完成了各阶段的任务，而且数次打破了中国铁路铺轨的最高纪录。所有这些，正是党中央、国务院所希望的实施西部大开发战略时的应有精神状态。

南疆铁路建设的成功实践，给了我们战胜困难、夺取胜利的信心。只要上上下下、方方面面站在现代化全局和长远发展的高度，把思想统一到党中央、国务院的战略决策上来，统筹规划，精心组织，采取切实可行的政策措施，通过坚持不懈的长期努力，我们就一定能够建设一个经济繁荣、社会进步、生活安定、民族团结、山川秀美的西部地区。

中华人民共和国国务院令

（第二六八号）

为了适应经济发展的需要，进一步完善我国货币制度，提高人民币的防伪性能，现决定：

一、责成中国人民银行自 1999 年 10 月 1 日起陆续发行第五套人民币。第五套人民币有 100 元、50 元、20 元、10 元、5 元、1 元、5 角和 1 角八种面额。

二、第五套人民币与现行人民币的比率为一比一，即第五套人民币 1 元和现行人民币 1 元等值，其余类推。

三、第五套人民币发行后，与现行人民币混合流通，具有同等的货币职能。任何单位或个人，均不得以任何理由拒收其中任何一种人民币。

四、第五套人民币各种券别的发行时间，责成中国人民银行陆续公告。

五、凡破坏第五套人民币发行或借发行新版货币之机，扰乱金融秩序者，均依法惩处。对上述违法行为，每个公民均有权向当地人民政府和司法机关检举揭发。

总理　朱镕基

一九九九年六月三十日

（新华社北京7月1日电）

中国人民银行关于发行第五套人民币100元券的公告

根据中华人民共和国第268号国务院令，我行将分次发行第五套人民币，现将首次发行的第五套人民币公告如下：

一、自1999年10月1日起在全国陆续发行第五套人民币 100 元券。

二、100 元券主色调为红色，票幅长 155mm，宽 77mm。票面正面主景为毛泽东头像，左侧为椭圆形梅花图案，左上方为中华人民共和国“国徽”图案，右下方为盲文面额符号。票面背面主景为人民大会堂图案，左侧为人民大会堂内圆柱图案，右上方为“中国人民银行”的汉语拼音字母和蒙、藏、维、壮四种民族文字的中国人民银行字样和面额。

行长 戴相龙

一九九九年七月一日

（四）客观和直露类

在播稿中也有不表示肯定或否定的态度出现。在内容上没有必要肯定或否定它，或者让受众感觉似乎不言而喻。“无意肯定”或“无意否定”，“未见支持，未见反对”等，这样的态度就属于客观态度。相反，在稿件的表达中，直言直语，毫无隐晦的直接表态，这就属于直露。

训练提示 这两种态度，本练习中各选了一篇。客观态度，我们选用了一篇消息，应该在叙述时采用平实无华的客观态度。直露态度，是论说文的特点，在播稿时，态度分寸上，应该是非分明，直截了当。

1. 99国际经济十件大事

1. 韩国和东南亚经济走出金融危机的阴影，开始新的增长。

2. 美国经济持续增长，股市连创新高，道琼斯指数突破11000点大关，纳斯达克指数一度突破4000点。

3. 欧元问世，汇率走低。

4. 年内国际石油价格大幅攀升由90年代最低点升至90年代最高点。

5. 中美签署关于中国加入世界贸易组织的双边协议。

6. 国际互联网发展迅猛，网络经济成为新的经济增长点。

7. 全球企业兼并额再创新高，世界经济一体化进程加快。

8. 日本经济摆脱战后最严重的衰退，开始逐渐复苏。

9. 世界贸易组织西雅图会议召开，启动“千年回合”谈判进程受阻。

10. 首届欧盟-拉美首脑会议召开，会议旨在进一步加强两地区间在政治、经济和文化等领域的联系与合作。

2. 21世纪：荒漠就在你身边

现在我国荒漠化面积达到262.2万平方公里，占国土面积的27.3%，涉及全国18个省区，471个县，1.1亿多人口。

当我们看到这一组数字之后，心里也许会产生一种觳觫感：如此说来，荒漠就在我们身边了。

是的，荒漠就在我们身边，远可到新疆、内蒙古、宁夏、青海、陕西、山西以及中部河南、山东等省区；近及我们眼前——北京西北郊已有荒漠存在。

中国的荒漠化土地自西向东，覆盖了八大沙漠地，四大沙地，形成绵延万里的风沙线。大风一起，黄沙飞扬，吞食农田，埋没村庄，毁坏农作物，阻断交通，破坏我们的生存环境。

荒漠化是由于植被破坏而导致土地褪化的结果，而导致土地褪化的最直接原因就是过度地采伐森林后开垦耕地和过牧与大江大河上游建造水库后出现的断流现象。

据权威部门统计：从1949年至1994年，我国共有66.6万公顷耕地沦为沙丘或沙地，平均每年丧失1.7万公顷耕地，同时，沙漠化也使得大片草场褪化。如河北坝上的沽源县牧场，50年代每公顷可产干草750公斤至4500公斤，草场覆盖率90%，草高50厘米至100厘米；而现在的覆盖率仅为40%，草高20厘米至50厘米，每公顷牧场产干草仅为750公斤至1500公斤。昔日“风吹草低见牛羊”的富饶景象已被“老鼠跑过见脊梁”的贫瘠现象所取代。

现在，我们国家实施西部大开发，且请有关部门把生态环境建设放在主要位置——多种树，多种草，切莫把眼前能赚“二两碎银子”的营生放在首位——且请记住，1998年4月16日，那场罕见的浮尘与泥雨已经袭击了北京城，而且我们国家的荒漠化程度正以每年2460平方公里的速度自西向东扩展——

（五）坚定和犹豫类

对某种事物、信念的不容置疑、不可动摇的态度均属于坚定的态度。而心神不安、进退两难、拿不定主意的态度，就属于犹豫的态度了。两种态度是对立的，不相容的。

训练提示 坚定和犹豫类练习各选了一篇稿件供大家练习，当然，在有声语言中要能体现出应有的态度，前一篇为坚定态度，后一篇为犹豫态度。后一篇选了一个故事，表现出心神不安和进退两难的态度。有声语言应该真切地把这种态度表现出来。

1. 首都新闻单位负责同志座谈强调
进一步加强职业道德建设
禁止有偿新闻

记者张建玲报道：今天下午，中国记协召开首都新闻单位负责同志座谈会，讨论如何贯彻落实中宣部等四部门关于加强职业道德建设、禁止有偿新闻电话会议精神，树立新闻工作者的良好形象。

他们在谈到如何有效地禁止有偿新闻时说，首先要切实加强领导，旗帜鲜明地反对搞有偿新闻，这是把禁止有偿新闻工作落到实处的关键。要特别强调新闻报道活动和经营活动分开，新闻采编队伍和经营队伍分开，明确宣传是第一位的，是中心。只有不断提高报道质量，才能促进创收。第二，要加强教育，筑起思想道德防线。通过教育引导广大新闻工作者加强自身修养，树立四个观念，即搞有偿新闻为党性原则所不容、搞有偿新闻与新闻工作者的职业道德相违背、搞有偿新闻是出精品出名记者的大敌、搞有偿新闻毁坏干部，要自觉抵制拜金主义、享乐主义、极端个人主义思想的侵蚀，真正成为受人尊敬的“人类灵魂工程师”。第三，要健全规章制度和内外监督机制，做到令行禁止。除了强调自律，行政的、法规的手段是加强新闻界廉政建设的有力保证。第四，树立先进典型进行典型教育。在纠风工作中，不仅要惩处违纪者，还要弘扬正气，表扬先进，扶正祛邪，以此推动职业道德建设。

2. 50元假币

春节的前几天，放寒假的儿子帮人卖福利奖券，由于没有经验，收了张50元假币。

我对儿子说：“算了吧，本来也没想让你挣多少钱，寒假给你找个事，是想让你接触一下社会，这50元钱就当交学费吧，长点教训。”妻子不干了，她生性勤俭，这次，一方面心疼孩子，一方面无端损失50元，心有不甘，提出：“假币又不是我们家造的，损失在自己手里，太冤枉，还是把它花出去。”在家里，妻子说话向来有一定分量，虽然有时是形式上的。假币由谁去花呢？当然不能让儿子去做，妻子说她没干过这种事，怕花不出去。推来推去，最后，我担起了春节期间把假币花出去的任务。为此，我还小心翼翼地从熟人处讨教了一些方法。

有了这个任务，这个节，心里很不轻松。每次上街，都揣着那张假币去，买之前痛下决心，这次一定把它花出去，可付钱的时候，心跳总加速，捏假币的手于是松开，拿出的是真币。大过节的，人家售货员辛苦加班，面对那份忙碌和热情，我心里不忍。有过几次这样的经历后，感到骗人的事还真不容易做。

春节，老朋友们相聚，遇到一位熟悉的盲人朋友，提起假币，他告诉我，他收到过两回，都是50元的。我很愤慨：还有这么没良知的人，连你们也骗！朋友倒是大度："什么人都有，有的是故意的，有的可能自己也不知道。"我余气未消："但愿！拿到假币后，你怎么花？""我烧了，这么互相糊弄着，什么时候到头。"这话让我一震，朋友面色平静，我却脸红心跳，朋友眼前漆黑，心灵明亮，而自己……唉！

回家后，三口人围坐在一起，我讲了这件事和几天来自己心里的感受，建议把假币烧掉。妻子和儿子表示完全同意，由儿子具体执行。曾颇使人烦恼的假币风波竟结束得这么容易，一家人都松了口气，只觉得很轻松、很安心。

房仲江

（六）小结

在态度分寸的把握中，对稿件的深入理解、具体感受应是它的前提条件。稿件中的态度分寸往往是相互渗透的。如肯定的态度可以同时是严肃的、直露的、坚定的、命令的。而否定态度也可以同时是亲切的、直露的、祈求的。在确定和体会态度分寸时，不要以偏概全，应具体把握。另外态度分寸与我们下一节练习的感情色彩是紧密连在一起的。在把握态度分寸的同时，就要马上引发感情，力求浑然一体。

二、感情色彩

理论提示 上一节我们提到，在把握态度分寸的同时，应引发感情了。感情色彩是感受的发展，态度的深化。一般说来，人都有喜、怒、哀、乐等等的体验，它是以人的不同态度为转移的。实际上，情绪和情感就是人对客观事物的态度的一种反应。稿件中的感情色彩，是播音员在感受稿件内容基础上进行再体验的产物，并非直接从实际生活中来，播音员的再体验，是稿件所提供的特定环境里，对人物内心生活的再体验，它是人物的情感或情绪的必然。

但有时，还会是对从稿件中生发出来的自己主观思维、感受的态度的反应。这些统称为感情色彩。它应该是动于衷、形于声的感情色彩。

感情色彩分为五大类，十种。通过下面的练习，或对大家有所帮助。

（一）挚爱和憎恨类

1. 到处都是美的笑颜

覃祥周

播音技巧提示　本文是一篇评述。全篇是对“五个一工程”获奖歌曲的词作的肯定。如“作品主题鲜明，感情真挚，语言朴实，用词讲究……随时可以把人带进美的境地，到处可以看到美的笑颜。”进而较为详细地对歌词的创作手法、艺术形式、歌词的力量、写法等进行点评。全篇充满了肯定、挚爱的感情色彩。播音员应把作者的这种态度、感情充溢在字里行间中，化为自己的感受、态度、感情，才能符合播音的要求。受众也同样从你的感觉中，受到你的熏陶和激励。播音时，层次要清晰，精神要饱满。语速持中，音量不易过大。从始至终要热情洋溢，但还要注意分寸，把握好对象感。

第七届“五个一工程”获奖歌曲的词作，从整体来看，比以往有新的突破，作品主题鲜明，感情真挚，语言朴实，用词讲究。毫不夸张地说，读着这些歌词，唱着这些歌曲，随时可以把人带进美的境地，到处可以看到美的笑颜。

这届获奖歌曲的歌词一大特点是大都采用直白手法，其言淡而味不淡，而且情绪激烈，感情丰富。唱着它，每每为那奔放的激情，深沉的心曲所感动。你听："总想对你表白/我的心情是多么豪迈/总想对你倾诉/我对生活是多么热爱/勤劳勇敢的中国人/意气风发走进新时代……"（《走进新时代》）这首歌词采用坦诚淳厚的内心独白方式来直抒胸臆，语言朴实无华，既亲切又坦率，最集中地表达了人的内心世界，给人一种真实可信的美感。

歌词作为一种艺术形式，常常善于截取、捕捉一幅幅画面或一个个镜头，最后精选编织成一幅壮丽的画卷。这也是这届歌词作品的一大特色。《好日子》通过对"锣鼓"、"舞蹈"、"阳光"、"花朵"、"灯笼"、"月光"等的具体描绘，展现了改革开放二十多年来，人民过着"好日子"的生动画面，激励人们在盛世太平的日子里继续朝着改革开放的大道迈进。

艺术的概括，是歌词的力量。《中华大家园》就是把百感交集的思绪，高度集中在"高原上的小伙子献上哈达"、"天山下的姑娘捧出雪莲花"、

“草原上的琴声随风飘荡”、“长白山下腰鼓岁岁庆丰收”等几个动人的场面之中，多么洗炼，多么集中，几个场面就概括地反映了五十六个兄弟民族团结、繁荣、幸福的美好生活。

2. 爸，我恨你

播音技巧提示　从题目上看就已经有了憎恨的色彩了。这种憎恨是孩子对父亲的一种厌恶的感情。在运用这种色彩时，注意浓淡的分寸。

孩子们总是觉得，父母是自己安全的保障。下文选自《100个中国孩子的家庭报告》（孙骏毅等编　希望出版社出版），为父为母者，是否可以从中检点一下自己的行为。

我特烦我爸。我妈手臂上那块褪不掉的青紫块，就是我爸打的。我妈说，他太“浑”了，炒股害的！这一阵他肯定是股票套牢了。爸爸喜怒无常的脸，就是股市晴雨表。

一次，语文期中考试，我第一次拿了个95分，荣登全班榜首。我第一次主动拿出卷子让爸爸签字，哪知道他眉头一皱，眼一瞪：“这分没偷着改吧？我知道你小子是个垃圾股，你能考95，除非股市开盘都是涨停板。”我爸的话像一根钢针扎在我的心上。

当然，我爸脾气也有好的时候，这得看股市的涨幅了。一天，我爸回到家，乐呵呵地说："今天我们全家上馆子去，想吃什么买什么。"我妈瞟了一眼他那得意忘形的神色，小心翼翼地问："你买的股票赚了？"

这样的快乐日子，在我们家里是很少的。一天，我爸又狠喝"二锅头"。我趴在小方桌上做功课，哪知道坐着的那只三条腿的椅子有一条腿"格崩"断了，我跌倒在地。我爸不但没扶我起来，而且"通通通"冲过来，朝我就是一脚，幸亏我妈进来拉住他扬起的巴掌，不然我的脸上又要留下五个指印。我妈像母鸡一样护住我，愤怒地扬起脸，盯住我爸："你炒股没本事，拿孩子出气啊！"我爸凶得像一头狼，亮开了大嗓门："你他妈的尽说晦气话，我倒霉就倒在你们娘儿俩身上了！"

我妈把我拉进屋里，流着泪对我说："儿子啊，你不知道，这回他连本带利都豁进去了，不知道什么时候能'解套'呢。"

那一晚，我真的胆战心惊极了。看见对面楼里亮着柔和灯光的窗户，就想人家为啥都生活得那么平静和幸福呢。爸，我恨你！

(二) 悲哀和喜悦类

1. 两冬无雪今朝至　缓解旱情喜煞人
山西省普降瑞雪

播音技巧提示　这虽然是一篇报道，但作者在字里行间也掩饰不住自己的喜悦心情，同样，播音时的感觉，同样要回到作者的创作状态中去。“人逢喜事精神爽”，播音员的这种“爽”要在有声语言中体现出来。但应注意与其它消息和谐一致。

记者净晓明报道：连续两个冬天无雪的北方城市太原，昨晚8时左右开始飘落起雪花。受够了“无雪的冬天”的太原人，纷纷涌上街头，重新寻找“踏雪观景”的感觉，以至夜半频闻笑语声。

据气象部门提供的消息，山西省昨晚普降瑞雪，太原市降雪量为10毫米，降雪最大的阳泉市达15毫米，部分地区降了暴雪。去年，山西省大部分地区一冬无雪，一春无雨，形成清朝道光年间以来最大的一场旱灾，全省有20个县农作物受灾严重，山区基本绝收。严重旱灾使经过几年扶贫攻坚脱贫的人口，又有98万多返贫。

降雪给人们的出行带来了很大不便。今晨，

太原市的节奏骤然慢了下来，不时见到摔倒在地的行人。也许是久违了下雪，“落难者”和“目击者”都报以开怀大笑。记者电话采访了部分市民，他们喜迎瑞雪的心情溢于言表。今天，有不少不知雪为何物的小朋友，放弃了幼儿园学习，由父母带领到公园尽情欣赏雪景。“一冬无雪天藏玉，三春有雨地生金”，这副在山西城乡流行了两年的春联，今年无疑要退出春联行列。

2. 祖父的葬礼

播音技巧提示　这种回忆中的悲哀类感情色彩的稿件，应注意与现实中的有所区分，它应是一种痛惜的感情。播时应注意，速度不宜太快，应和当时的语言环境相一致。

《世界之作》1999年第5期登载了欧阳馨编译的《回忆祖父列夫·托尔斯泰》一文。

1910年秋末的一天，妈妈告诉我们，爷爷乘火车离开了雅斯纳雅波良纳庄园，途中患病，住在阿斯塔波沃火车站的站长家里。妈妈去看望爷爷，可还没有到达目的地就接到噩耗：爷爷已去世。这如同晴天霹雷，把我们吓得目瞪口呆。

爷爷的遗体运回来时，车站挤满了人。沙皇政府在灵柩护送队伍必经的道路两旁布置了骑警，如临大敌。

我们在雅斯纳雅波良纳庄园的大门边等候着爷爷灵柩的到来。当人群走近时，我们听到悲切感人的《永久思念》的庄严的歌声。农民们手里举着自己做的大横幅："我们敬爱的老师列夫·尼古拉耶维奇永垂不朽！"许多人失声痛哭。

灵柩暂时放在一楼的客房里，满怀敬仰之情的人川流不息地从灵柩旁走过，瞻仰爷爷的遗容。那些极度悲伤的老农民的痛悼之情真切感人，难以言喻。

根据爷爷生前的嘱咐，葬礼很简单。送殡的人往树林里走去，到爷爷生前最喜欢的9棵柞树边停下。爷爷小时候经常在这里做游戏。他选择这个远离人烟的僻静的地方作为他最后的归宿。

在墓前，有个人致悼词，其余人站着，脱帽致哀。不少人爬到周围的树上，想看和听得更清楚些。致完悼词，大家在坟前跪拜，再次唱起了《永久思念》的挽歌。

（三）惊惧和欲求类

1. 别把京剧变京歌

播音技巧提示　本文“别把京剧变京歌”是惊惧类中表示的一种“担心”的感情，它表示一种不愿发生某种事态的心情。在有声语言中，应该让受众同样和你一样地感受出担心的感情色彩。

京剧作为剧，要有剧情，即故事、情节、进展，有头有尾有高潮。在舞台上演出，还要分幕分场。作为京剧，它不仅有唱，而且还有念、做、打。而这一切，又都有程式。中国的戏剧，以简单剧情、唱和为主，发展到近代的连台本戏即连续剧，是一个由简单到复杂、由初级到高级经历了上千年演变的过程。

歌，和剧就大不相同了。歌没有剧情。就算是叙事歌曲，也只是唱事而不是演事。歌也没有念、做、打。即便是有朗诵的大合唱、有表演的歌伴舞，那也不是歌者本人的事情。如果京剧取消了念、做、打，取消了手、眼、身、法、步，取消了程式，特别是取消了剧情，没有了故事情节的完整性，而只剩下了唱腔，那么，它也就成了一种“京歌”了，最多不过是个“京歌表演唱”。

当前，京剧界的倾向是：淡化剧情，淡化表演，淡化演员的全面素质，而只注重唱功，热衷于几口能叫彩的唱段或片段的几手绝活。在剧场里，作为京剧高度发达的连台本戏，已经基本上消亡了。就连那完整的单本戏，也属罕见。翻来覆去的，是一些“折子戏”——就是那些能够显示唱功或绝活的片段。受众见得多了，倒了胃口，便给“折子戏”送了个不雅的绰号——“折腾戏”。至于在荧屏上，除了把前辈的完整的剧目搞成了“京剧双簧”音配像之外，人们经常见到的，也只是那些化了装的京剧清唱或一段段的“京歌表演唱”而已。

这不能不令人担心：这样的倾向发展下去，京剧将会萎缩为“京歌”。如果京剧没有了剧情，没有了念、做、打，那么，就不是京剧了，甚至连个剧都称不上。

孙焕英

2. 我的新世纪梦想

播音技巧提示 “我的新世纪梦想”，从题目中可以感觉到它是属于欲求类的感情，是表示一种希望、愿意发生的事情，是憧憬未来的一种感情。有声语言应显其明快性，并体现出作者的感悟，那就是“梦想是一种力量啊。”

宇宙，太阳系，地球，电视。我是坐沙发上跨入2000年的。

人类真是了不起，创造了难以想象奇迹：语言、文字、车轱辘、气门芯、轰炸机、苍蝇拍、邮局、电脑、诗、酒、梦……

地球打一个滚儿，就让全世界的人在二十四小时内依次跨入了2000年。记者问人们最多的话题是对于新世纪的梦想。人们用不同的语言表达了同一个愿望：和平！

没有记者来问我，于是，我自己采访自己：在新的世纪里有什么梦想呢？

人类没有战争，正义不再徘徊；
世界没有污染，天蓝水清云白；
虚伪没有市场，真诚不受伤害；
欲望合理调整，资源留给后代；
劳动不遭贬值，工作充满愉快。

我曾经在一首歌颂祖国改革开放取得巨大成就的诗歌中写道：“前进的车轮比风急，幸福的脚步比梦快。”真是这样，我们现在享受到的幸福，好多是过去从来不曾想到过的。按照这个思路想下去，将来的世界真不知该有多么美丽。

梦想是一种巨大的力量。马克思说：人类是按照美的规律创造世界的。

大胡子马老师说得对。

(四) 焦急和冷漠类

1. 改善学生用餐刻不容缓

播音技巧提示 播“改善学生用餐刻不容缓”这篇稿件应该体现出作者的“焦急、紧迫”的感情色彩，播音员应借助生活中的感受，来丰富、充实这种焦急的感情色彩。“焦急”时，语速并不一定快，但应该把事情讲清楚。

据报载：在7至14岁年龄段中，我国男性学生比日本男性学生矮2.28厘米；相当一部分中小学生因营养不良而使学习成绩受到很大影响。为什么会出现这种情况？主要是我国国民的不良饮食积习所致。人一日三餐的合理食量应该是3∶4∶3，但1999年春天的一次监测显示：半数北京人不用早餐。家长的陋习导致了相当一部分中小学生空腹上学。熬到正午，这些小孩子不是到学校食堂就是到街头小吃店随便挑一点“可口”的热食凑合一顿。至于营养结构是否合理，他们是不讲究的。

忽视早餐和“傻吃”的结果必然是营养不良。上海学生的营养不良率达到24%，而武汉市青春期少女的营养不良率高达41.8%。有关专家发现，营养不良对中小学生的毅力和耐力产生很大影响，在上午三四节的课堂上，竟有不少学生体力不支，有的精力分散，有的打瞌睡，有的甚至晕倒。试想，如此状况，又怎能保证教学质量的提高呢?

人的中小学时代是潜能开发和全面发展的重要时期。如果在这个时期因营养问题而制约了他们的智力发育，那么，日后即使花费几倍的努力，恐怕也难以弥补。从这个角度讲，中小学生体魄好坏的问题，实则关系到他们能力大小的问题，关系到民族素质高低的问题，关系到综合国力强弱的问题，关系到国家兴衰的问题。正因为如此，中小学生用餐不善，是一个不容小视的社会问题。

陈为镛

2. 科学的伟力和局限

播音技巧提示 本文已经从题目中告诉了

我们，科学既有“伟力”，同时还可以表现出它的另一面“局限”。文章属“冷漠”类，但并非“冷”，应表现出一种“漠然处之”的心情。在文章的最后，有声语言应有所变化，那就是作者的提示，应有“警世”的感情色彩变化。

科学的威力有目共睹，似乎不再需要过多的诠释和“推销”。但是，在一些人眼里，这威力正在成为一种威胁，必将带来“科学的终结”。

科学家是不用为此生气的，因为按照“预言家”的说法，不仅科学，甚至整个世界都早已“终结”，而且不止一次。科学却以铁一样的事实证明了自己的正确。

然而，有些事情是没有办法的。从理论上来讲，绝大多数的科学家都认为，2000 年不应是新世纪的起点，但这并不妨碍世界各地的人们迫不及待地张开双臂，拥抱“新千年第一缕阳光”。这种理论与生活的疏离，从一个角度验证了科学的无奈——科学没有终结，但它像任何一种学说一样，有自己无法逃避的局限。

尽管统计学的数据一再地证明，吸烟有害健康，可是全世界的烟民并没有减少的迹象。是他们不信科学吗？他们中的很多人知识层次很高，甚至还有为数不少的医生。是他们不懂科学吗？

在曾经旷日持久的论辩中，他们中的一些人对科学的弱点了解得比科学家还要透彻。

逻辑学上有一条重要的原则，意思是说，一个命题只有当它所叙述的对象全部符合该命题的判断，这个命题才是正确的。也就是说，哪怕世界上存在一片乌鸦的白色羽毛，我们就不能说“天下乌鸦一般黑”。从这种意义上讲，对于所有的命题，科学永远都只能说它“可能”是正确的，而不能说“肯定”。波普尔的“证伪”理论就是从这里来的。这是科学的严谨所在，也是科学的局限所在。

还拿吸烟作为例子。据人类学家托默说，在烟草业的法律代理人挑起的诉讼中，他们正是充分地利用了这一点，认为吸烟致癌的比例低于95%——这已经比100%低很多了——同时科学家们还不能明确地描述吸烟影响健康的生化途径，所以吸烟致癌的说法根本不能成立。

在这种时候，科学就像一位书生，被对方的逻辑牵住了鼻子，只能用彬彬有礼的温厚，去对待蛮横无理的纠缠。

书生的局限，还在于他的许多知识，不能为自己，而是常常为人家所用。牛顿研究“第一推动力”的故事流传甚广，一种比这故事流传更广的说法是，科学家的知识并不完备，有时也难免误入歧途。实际上，有人指出牛顿当年的学位和教职就是神学，他研究自然科学的最终目的，本来就是为了证明上帝的存在。假如果真如此，我们很多人对科学家的了解是不是有些简单甚至浅薄？

人类社会就像它的历史，是一个盘根错节的混合体。科学的确代表了人类理性思维的精髓，也的的确确是第一生产力，但它决不是人类思想的全部。只有看清了这一点，在新千年来临的时候，我们才不会被一些看似简单的道理所困惑；而这个社会，也才不会重演成千上万的聪明人盲从一个伎俩拙劣的骗子的闹剧。

（五）愤怒和疑惑类

1. 无理的指责　霸道的行径（摘要）

新华社记者　肖成林

播音技巧提示　这是新华社记者的述评。它的感情色彩应圈定在“愤怒”的范围之内，有声语言的力度应有所控制，因为美国一些政客玩这样的花招太多了，尤其是文章的最后，虽然生气，但也应带出一种“鄙视”的色彩。

美国政府最近声称，决定依据去年9月底美

国公布的所谓《国际宗教自由法》对中国实行制裁，不向中国出口犯罪控制和侦测器材与设备。

美国总有那么一些人，历来戴着有色眼镜看待别国事务，而且总是采取双重标准：不是“只许州官放火，不准百姓点灯”，就是自己不喜欢的，却要别人当宝贝。例如，美国本国采取法律措施，阻止“人民圣殿教”和“大卫教派”等邪教组织给社会和人民健康带来危害，却对中国政府依法取缔邪教组织“法轮功”的做法说三道四，甚至将中国政府这一关系到中国人民能否享受到健康的生活方式的决定与“侵犯人权”联系起来。在这些人眼里，邪教组织在自己国家危害社会和人民安全是不行的，但是应该在中国横行无忌。在这里，世人又一次目睹了他们的蛮横和伪善。我们要告诉这些人，中国没有兴趣也不需要进口美国制造的犯罪控制和侦测器材与设备。你们最好还是留在国内自己用吧，也许还不够。

中国政府对公民的宗教信仰自由权利是坚决保护的。存在于中国土地上的这一事实，不是隔着大洋的那些无中生有的话可以改变的。美国方面如果以为又捞到了一根对中国可以搞什么制裁的稻草，那么，它除了激起中国人民的义愤、损害中美两国关系以外，不会有别的收获。

人们非常清楚的是，美方对中国的这些做

法，其真正的目的是借题发挥，是为了怂恿和支持中国极少数敌对分子和邪恶势力对中国进行破坏活动，进而阻止中国的发展。但是，美国一些人的梦肯定圆不了。和以往一样，美国制裁中国必将以损人开始，害己告终。

2. 端着架子的北京人

苏成立

播音技巧提示 文章“端着架子的北京人”的感情色彩应属于疑惑类。它应体现出一种莫名其妙的迷惑感情。要在有声语言表达中注意感情色彩的控制，不宜过分，否则出现“质问”的色彩，会出现“愤怒”的感情，那就不对了。

前几天我碰到一位从美国回来的老同学，谈起了春节期间因为外地人回家，闹得北京奶没人送，煤没人拉，许多菜摊儿、果摊儿不开张，很不方便。而下了岗的好多北京人都不爱干这些事，说是嫌丢人。对此，他很不理解，说：“其实我们到国外去读书也好，去谋生也好，刚开始干的也都是现在外地人给咱北京人干的活儿。北京人真是怪了，为什么出国能给外国人干，在北京就不能给自己的家乡父老干呢？在国外还常常有人欺负你，在北京一听说你是下岗的，谁不同情你、谁不支持你？兴许还能多赚点钱呢。难道说给外国人干就光彩，给自己家乡的父老乡亲们干就跌份？”这话的意思分明在说，花了钱办了护照，出国给洋人干可以，在家乡又有政策保护又有家乡父老们的支持倒干不了了。咱北京人的面子真是太值钱了，是不是？

他的话说得我脸上一阵红一阵白，因为我也是北京人呀。静下心来想一想，咱北京人的观念还真不能说已经市场化了。都好几年了，老脑筋还不转变，甭说下岗的，就是在岗上的也有不少人在挑三拣四端着架子呢。我们真应该好好学一学在外国的北京人，把我们盲目的端着的那个架子彻底地丢掉，走出家门，能干点什么就干点什么。

第四章 基 调

理论提示 基调的问题，我们在“备稿六步”中曾涉及过，也曾作过初步的练习。现在，我们在学习完“具体感受”、“态度感情”的基础上，回过头来再认识它，再进行一番练习，会有一个新的感悟，新的提高。

基调，是指稿件总的态度感情，总的色彩和分量。播音时，应该把稿件中蕴含的态度分寸、感情色彩表达出来，应该把播音员的理解、感受、态度、感情融入稿件语句里流露出来，这其中，不仅要有具体感，而且要有整体感。这正是播音依据中的精髓。就稿件而言，它的基调恰恰是各层、各段的共性。所以说，基调是要把握总的方面，特别是稿件中呈现色彩纷繁的情况下，不要被枝节和次要色彩所迷惑。基调应该是整体感的体现，是各局部的有机综合。基调的统一和谐与丰富多彩，对于表现稿件的意境、风格，对于播音员形成的各人语言表达特色，都有其不可忽视的重要作用。

下面按基调类型给大家选择一些句段和章

节，供练习使用。

一、喜悦明快

10 月 12 号中午一架飞机从天山南麓机场起飞，由西向东朝着祖国首都北京飞来。

机上的乘客也许并不知道，临窗而坐的两位少数民族老人——98 岁的维吾尔族老人热合买江和 91 岁的蒙古族老人江巴，此番正免费坐飞机，到北京去圆他们久埋心中的“世纪之梦”。

大红灯笼高高悬挂，五星红旗迎风飘扬。14 号上午两位老人激动地登上了天安门城楼。在城楼上，两位老人凭栏远眺，禁不住心潮起伏，喜泪盈眶。

几个年轻的姑娘赤着脚，提着裙子，嘻嘻哈哈追着浪花玩。想必是初次认识海，一只海鸥，两片贝壳，她们也感到新奇有趣。奇形怪状的礁石自然逃不出她们好奇的眼睛，你听她们议论起来了：礁石硬得跟铁差不多，怎么会变成这样子？是天生，还是钻子凿的，还是怎的？

“是叫浪花咬的”，一个欢乐的声音从背后插进来。说话的人是个上年纪的渔民，从刚拢岸的渔船跨下来，脱下黄油布衣裤，从从容容晾到礁石上。

有个姑娘听了笑起来：“浪花也没有牙，还会咬？怎么溅到我身上，痛都不痛？咬我一口多有趣。”

我看樱花，往少里说，也有几十次了，在东京的青山墓地看，上野公园看，千鸟渊看……；在京都看，奈良看……；雨里看，雾中看，月下看……日本到处都有樱花，有的是几百棵花树拥在一起，有的是一两棵花树在路旁水边悄然独立。春天在日本就是沉浸在弥漫的樱花气息里。

中国民乐轰动维也纳

记者戴露、谢湘报道：中国民族音乐的旋律今晚首次回荡在维也纳音乐协会金色大厅。“虎年春节中国民族音乐会”在中奥两国国歌声中拉开帷幕。来自中国中央民族乐团的72位音乐家在指挥陈燮阳的率领下，以长达3个小时的精彩演出，轰动了这座举世闻名的音乐圣殿。

由中国对外文化交流协会和旅欧华人吴泽洲先生大力促成的这场音乐会，受到了中奥两国元首的热情关注。中国国家主席江泽民和奥地利总统克莱斯蒂尔都在音乐会开幕之前预祝演出成功。

热烈欢快的春节序曲与点缀四壁的红色鲜花为今晚的金色大厅烘托出浓郁的中国节日喜气洋洋的氛围。古曲《大胡笳》、《春江花月夜》、《霸王卸甲》，民间乐曲《百鸟朝凤》、《鹧鸪飞》、《赛龙夺锦》、《寒鸭戏水》，由中国作曲家创作或改编的《二泉映月》、《茉莉花》、《瑶族舞曲》等，展示了中国民族音乐并不逊色于西洋音乐的丰富表现力，赢得了全场观众兴奋而惊喜的掌声。

指挥陈燮阳在雷鸣海啸般的掌声中返场加演了《北京喜讯到边寨》、《拉德斯基进行曲》等四支名曲。近2000人观看了这场激动人心的音乐会，其中包括400多名自费随团来访的中国乐迷和数百名执著地站至终场的奥地利观众。

奥地利前总统瓦尔德海姆、联邦议会议长路德维希·毕林格等出席了音乐会。

二、热情赞扬

尽管她脸上被歹徒用刀划得伤痕累累，尽管她因流血过多，至今脸上还十分苍白，但人们一想起她见义勇为、浴血斗歹徒的英雄壮举以及她在军营里留下的闪光的青春足迹，便肃然起敬，觉得她格外美丽，她拥有美的青春。

她叫邱玲，是广东省军区通信站有线电连女话务班长，今年21岁。

乔丹的身体素质、性格和天赋仿佛都是为一个篮球巨星定做的，但他并非生来就是王者。面对传媒和球迷的压力，面对痛失亲人的打击，他也一度失去信心和方向，并采用了最极端的处理方式：宣布退出球坛；当他再次决定肩负起重整公牛队的重任，回到NBA的时候，首先迎接他的又是无奈的失败。但乔丹的成功之处在于，他并没有被这些艰难的经历击垮，他将自己对篮球的理解提高到了一个更高的层次，他真正成为赛事的主宰者。正如公牛队主教练菲尔·杰克逊所说："现在的乔丹懂得如何在场上释放和宣泄自己，他在享受比赛的每一分钟。"

清晨的山路上，没有别的车辆，只有我们这十一辆汽车，沙沙地飞驰。这时我忽然看到，山路的两旁，簇拥着雨后盛开的几百树几千树的樱花！这樱花，一堆堆，一层层，花像云海似的，在朝阳下绯红万顷，溢彩流光。当曲折的山路被这无边的花云遮盖了的时候，我们就像坐在十一只首尾相接的轻舟之中，凌驾着骀荡的东风，两舷溅起哗哗的花浪，迅捷地向着初升的太阳前进！

——冰心：《樱花赞》

那是力争上游的一种树，笔直的干，笔直的枝。它的干呢，通常是丈把高，像是加过人工似的，一丈以内，绝无旁枝；它所有的桠枝呢，一律向上，而且紧紧靠拢，也像是加过人工似的，成为一束，绝不横逸斜出。它的宽大的叶子也是片片向上，几乎没有斜生的，更不用说倒垂了。它的皮光滑而有银色的晕圈，微微泛出淡青色。这是虽在北方风雪的压迫下却保持着倔强挺立的一种树！哪怕只有碗那样粗细，它却努力向上发展，高到丈许，两丈，参天耸立，不折不挠，对抗着西北风。

这就是白杨树，西北极普通的一种树，然而决不是平凡的树。

——茅盾：《白杨礼赞》

你擂起腰鼓，我擂起腰鼓，他擂起腰鼓，三乡五里的农村大小伙子大老爷儿们都聚到这儿起劲地擂起鼓。

震耳欲聋的鼓声，是一颗颗欢蹦的心声。

一身纯粹的农民打扮：羊肚儿头巾在光脑壳上扎出麻花结；对襟儿的短衫紧绷住紫铜躯干；

长长的红绸子拴着小碌碡般的腰鼓。

腰鼓震天价响，大小伙子，大老爷儿们，都像上紧了发条的机器人，谁也管不住自己的腿脚了，蹦啊，跳啊，笑啊……！

比老外的迪斯科还疯，比老外的霹雳舞还狂，中国农民要是真的蹦达起来，那气魄，那雄姿，外国少有，世界无二！

五大三粗，甩胳膊扬腿，身子都没了形；石刻泥塑般的脸，随着鼓点前后左右不停地摇晃。他们像被烈酒灌醉了，抿住大嘴，微闭双眼，陶醉在这美滋滋的自娱自乐之中。

鼓点更急了，鼓声更响了，青年汉子们双腿蹬地，两臂高扬，呈个“大”字，要腾空跃起，要飞，要冲上云霄。

他们如同从泥土里生长出来的红高粱，朴实无华，敦厚茁壮；他们是黄河里的一朵浪花，他们在掀起汹涌的惊涛狂澜。

三、细腻清新

夕阳西下时，去看海，海是那样地柔美、恬静，几乎没有一个浪头，铺开的是如此宽广的细腻与温柔。夕阳被椰树的手臂牵扯着，将那变幻的色彩尽情地宣泄在平静湛蓝的海面，于是一层桔黄、一层绯红、一层浅绿、一层深蓝，原来海的颜色是这样的丰富多彩。

一些人在海边嬉戏，少数人在海的更深处畅游，他们都是那么地喜爱大海，在投入海的怀抱之际已将自己与海融为一体了。那一艘艘轮船从远方归来，载满了收获的喜悦，载满了大海的馈赠，生活的畅想。

“妈妈！”我问妈妈，“这个世界上，您最爱谁？”

妈妈笑了，瞧着我的脸。

月亮？星星？金丝鸟？宫殿里的国王？

妈妈紧紧搂着我，面颊贴熨着我的面颊，手抚着我的头，轻声地说：“最喜欢我的小淘气。”

我心里美滋滋的，紧盯着妈妈黑宝石似的眼睛；我吃惊了，小小的我，整个都在妈妈的黑眼睛里。

我问妈妈：“妈妈的眼睛里装着我，不痛吗？”可是妈妈只是笑。

后来，妈妈搂着我的时候，我经常注意妈妈漆亮的眼睛。

我哭的时候，妈妈眼睛里装着小泪包的我，我笑的时候，妈妈的眼睛里装着傻笑的我。细看的话，在妈妈的眼睛里，有时也装着月亮，有时也装着美丽的花朵和金丝鸟。

妈妈搂着我，坐在罂粟花间，哼着摇篮曲，可是妈妈先睡着了。我拨弄着妈妈的睫毛，又想起了平常的小把戏。

我想，妈妈睡着的时候，妈妈的眼睛里，准睡着一个小小的我；轻轻地捏起妈妈的眼皮，分开——

可是，妈妈那黑眼睛里面小小的我，却还在眨眼睛；蓝蓝的天空，美丽的罂粟花，还在妈妈的黑眼睛里闪动。

“干吗呢孩子？又淘气了。”妈妈醒了，笑起来，紧紧搂住我，面颊贴熨着我的面颊，“不要月亮，不要宫殿里的国王，就爱我的小淘气。”

在世界上，我也最爱妈妈。

四、真诚劝慰

感情尤其是玩不得的。爱时常是脆弱而敏感的，它需要相爱的人一辈子的精心呵护。所以，如果你爱一个人，并不愿意失去她（他），就不要做伤害她（他）的事。心灵的创伤是很难愈合的，尽管愈合了，可伤口还在那儿，有一点磕碰可能就会使它隐隐作痛。破镜是难以重圆的，重圆的镜子不再是以前的镜子。所以，千万小心，不要随意打破感情的镜子。

历史是由事件组成的，一个人的命运也是如此，是由大大小小的事件构成的。人活一辈子难免做错事、蠢事，但我们必须尽量避免。因为，一个偶然事件，一个小的闪失，一个不经意的行为，一时的邪念、冲动、迷惑、执拗，都可能改变我们的生活轨道，令我们付出代价。这代价有的是轻微的，有的则是非常惨重的，很可能终生不能挽回。

我是一名普通的汽车司机。在日常的运营工作中，我们广大司售人员尽职尽责，力求在小小的车厢中营造一份欢乐与和谐的氛围。但要达到这一目标，必须得到乘客的支持和理解。

平时，我们常碰到一些令人头疼的现象，比如：有些乘客并非年老体衰，但上车时一副“绅士”派头，慢条斯理，让司机很为难。不等吧，有规定不能甩客，等吧，影响正点运营，车上乘客也有意见；再如，有时即使车厢中间很空，可有些乘客上车后就是懒得往里走，造成门前拥挤，上下车困难；还有些乘客上车不买票，非等下车时再买。可那会儿售票员最忙，又得撕票找钱，又得检票开车门。除此之外，还有些乘客在车上乱扔果皮纸屑，与朋友侃侃而谈，根本不注意是否影响了他人。

各位乘客，请您别介意，我这样说并不是想给您定个什么“乘客须知”，只是希望得到您的理解和帮助，只有在您的积极配合下，公交服务才会更上一层楼。

女人怎样才算嫁得好？这是摆在每一个待嫁女面前的问题。我想首要的问题是，你能否确定自己最想得到的是什么？是为爱而结合的婚姻，还是用青春美丽换来的物质丰富？谁都想生活得好一点，但把自己当作交换的筹码，值吗？你不爱公司的老板，他虽有万贯家财，嫁给他多半不会幸福，只不过就是手头宽裕罢了。

既然你还爱着男友，就应该和他好好谈谈，和他携手挑起生活的重担。你说依他目前的能力不可能建立一个家，那么他毕了业呢？有真才实学的人，不愁找不到好机会，你也可以助他一臂之力呀！

其实，爱情就是最大的利益，有钱人吃喝玩乐为了什么？还不是想心情好吗？爱情能使人体分泌许多有益物质，当你深爱着另一个人时，心情肯定最好，这绝对是钱买不来的。

五、昂扬有力

在处于世纪之交的历史时刻，我们面临着

“天时、地利、人和”的优势。5800万共产党员的“人和”，12亿多人民的“人和”，加上世界上广大爱好和平进步事业人民的支持，是我们特殊的优势。这种“人和”的力量，不止是加法的效应，而且是乘法乃至指数递增的效应。“人和”所产生的凝聚力、战斗力、生产力，是任何不利因素和困难都分不开、压不倒、摧不垮的。“人和”，无论是过去、现在还是将来，都是我们胜利的法宝。

在中华民族几千年的历史长河中，可以说，爱国主义是最神圣和最激动人心的了。世世代代流淌在炎黄子孙的血液中永不消失的东西，使中华民族能历经危难而巍然屹立的东西，凝聚海外游子的心虽历数世而不泯的东西，不就是爱国主义么？爱国主义自古以来就是我们炎黄子孙人生观、价值观的核心，是中华文化的基石，是划分真善美与假恶丑的最大分水岭。从政治伦理学的角度看，国家者，国与家一体之谓也。先国后家，先公后私，国兴家荣，国破家亡。“天下兴亡，匹夫有责”，今天站在“振兴中华”历史涛头的青年能不以关系祖国命运的现代化大业为己任么？

我们要在山体内拓展像城市大街一样宽阔的道路，因为三峡工程——世纪之梦在远方急促地呼唤。

我们开着钻机，以祖先在猿声高啼的两岸开凿栈道的精神，我们知道，面前不是一道门，而是重重叠叠的山岩，但我们一定要穿越，尽管会短时间走进黑暗。

我们穿越，穿透震旦系、奥陶系石灰岩，这是最古老的岩石，有着神圣的尊严。沉睡亿万年的化石让钻机敲醒，珊瑚花在演绎太古的故事，海螺吟唱亘古的涛声……

我们穿越，走进花岗岩；我们的意志比花岗岩坚硬，我们的信心比花岗岩坚定，一步一步地向前推进，巍然不动千万年的花岗岩，屈服地向后退却……

我们穿越，付出的是汗水、鲜血、生命……我们铸筑的是坦途、速度、效益、对理想的忠诚，是现代化高速公路的典范与奇迹。

一条路，不，是一条血脉，牵来民族的光明。

从此，地层深处，有了一条弧线优美、灯火辉煌的长廊，仿佛是从太阳中涌来的一束光芒，簇拥隧道中的生命与车轮；亿万年的海洋化石，永远时时刻刻聆听现代文明高亢的旋律；而隧道的那边，长江的涛声正和着高速公路的歌唱。

伟大的穿越，我们对光明的渴望和奉献，都通过它，源源不断地涌向未来的光明的心脏——三峡工程。

六、深沉坚定

法庭上一片肃静。

法官问 8 岁的王萍，爸爸妈妈离婚后跟谁生活时，她眼泪汪汪地看了看妈妈那渴求的目光，又转头看看用被子裹着的爸爸，呜咽着却坚定地回答："我跟爸爸，侍候爸爸。"

父女俩紧紧地抱在一起，泪水也汇集在一起。

我宁愿在光天化日之下凭着我短拙的天资到处碰壁，也不肯在黑暗中凭着谨小慎微使自己得救或者发财；……大海越是布满着暗礁，越是以险恶出名，我越觉得通过重重危难去寻求，才是一件赏心悦目的事。

历史最激励人的成功事迹，多半是身有缺陷境遇困难，但视之为生命的嘲弄，勇往直前不为之所困的人谱写的。挪威名小提琴家布尔有一次在巴黎举行演奏会，一曲未终，一根弦忽然断掉。他不动声色，继续用三根弦演奏全曲。这就是人生——一根弦折断，就用其余三根奏完全曲。

即使到处碰壁，也不要灰心丧气；即使有时候感到好像要垮台，虽然事与愿违，也必须重新鼓起勇气来。因为伟大的事业不是凭一下子冲击而成功的，而是由一系列的小事积聚起来的。伟大事业不是什么偶然的东西，而必定是下决心努力的结果。

一个人若不能随时准备着为一个伟大的目的，以自己的身体冒险，以自己的幸福冒险，以自己的生命冒险，他就不配得他的俸禄。

七、沉郁平缓

古代，唐太宗李世民曾说："五岳凌霄，四海亘地，藏污纳垢，无损高深。"然而在今天，高山大海已容纳不下人类排出的污垢。

人与环境，如毛之与皮，皮之不存，毛将焉附。

屈指数来我离开故乡的小院已经六年了，但我依旧惦念着它，它像磁石一样吸引着我，因为这里毕竟是我的故乡……然而，梦中的枣树依旧，邻里依旧，一切似乎都没有多大的变化，所变的只有那枣儿，那红红的大枣，脆甜甜的大枣，而今已不再脆、不再甜、不再红了，或许人们对它的伤害太多了，它那甜甜的汁液也随着那酸酸的泪一块流掉了。

目前，北京城内最引人关注、最轰轰烈烈的工程就数平安大道工程了。眼看着道路一点点展宽，北京人感到欢欣鼓舞，而弥委员却在希望中感到了忧虑，他说："就在东四十条立交桥西南角，坐落着一处文物古建——南新仓，它建成于明永乐年间，为明、清两个朝代的储粮仓群，其建筑风格古朴简约，通风、承重设计精当，它至今已有 600 余年历史，1984 年被定为市级文物保护单位。南新仓位于这通衢大道的要冲，按目前一期工程的要求来讲，它还安然无恙，但要实现二期工程道路展宽至 70 米的规划，南新仓紧临街面的一个仓库就要被拆除，如果南新仓的完整性被破坏了，它作为文物的价值将大打折扣。"弥松颐委员动情地说："元代定都北京，今天仍存留的遗迹很少，如果能完整地保护南新仓，那将是本届政府为国为民所行的一件德政。"为了支持自己的观点，弥委员还搬出了交通安全研究者的理论："据调查，司机长时间在笔直的大道上驾驶很容易因疲劳、枯燥而出现事故，而道路上适当的迂回却能使司机兴奋，更能集中他们的注意力。所以平安大道的东头能否迂回一下，绕开南新仓?"这一说法是否能被专业人士认可且另当别论，就说弥委员保护古迹的这切切之心，实在令人感动。

八、缅怀深情

周恩来同志真诚地把自己看成是人民的"总服务员"，毕其一生兢兢业业、切切实实地履行着"为人民服务而死"的诺言，被党和人民誉为伟大的公仆。

为了激励自己，周恩来同志把"为人民服务"的纪念章，一直挂在胸前，直至生命的最后一刻。

邓小平同志则是把自己看作是"中国人民的儿子"，深情地热爱祖国和人民，始终把人民群众的利益放在首位，把群众拥护不拥护、赞成不赞成、高兴不高兴、答应不答应作为工作的出发点和归宿。

邓小平同志一生“三落三起”，权重不骄，位低不馁，坚定不移，钢筋铁骨。最深刻的原因是心系人民，为人民的利益不计荣辱生死，同时也就得到亿万人民的衷心拥护和支持。

北邙山月夜

周火熊

北邙山，一面普通得没有特色的山城。1931年的同一天，这里倒下了近百名革命志士，其时，鲜血涌流入河，触目腥红。从此，北邙山成了英雄的象征。

等待月夜。

北邙山的又一个月夜。

这时候，玄色鸟翼颤动黄昏的衣袂，呼呼有声。归巢在何方呢，你这寂寞的精灵？它叫了，轻灵地啭着歌喉。曾经高耸并为世人称颂的纪念碑呢？

我走在这条曲径上。这是北邙的小径。它的每一寸土地都浸渍过英雄的鲜血，惟其如此，才显得肃穆而庄重。小径若有灵，它该是一部铺展在幽暗与澄明间的浩浩史册，为世人尊崇而至今仍闪耀光泽的活的史册。

半个世纪云烟般飘拂，过去了，过去了，北邙山还在，攀附在北邙山的红色土路还在。

而那些鲜活活的生命呢？如果小径是留声机，它会记下青春的阳刚壮美与缠绵。

我踩踏红色土路。我在寻觅。月要上来了。

月色是圣洁的。

这汲取水的柔媚银白的光亮的月色，当是一份绝好的净化剂。净化吧，净化吧，把我的灵魂我的思想乃至身体。是的，我的身上蒙有尘垢，我的思想沾有功利的斑渍。这么些年，我在欲望汇聚的大海沉浮。当我疲累地审视自己时，我讶然发现，我已不是原来的我了。

我是谁？

二十年前，我是何等单纯。那时的太阳跟现在一样明朗。猎猎迎风的队旗亲抚少年的面颊。和平鸽振翅飞翔。我想到了英雄的内涵与外延。泪雨纷纷。

北邙山的红土作证。

北邙山的英雄的魂灵作证。

今夜，在月色铺就的北邙山红土路上，我思索一个命题。英雄之所以成为英雄，仅仅是思想和行为超出常人规范？

英雄的最后一搏是辉煌的。

辉煌的只是短暂的一瞬。

如今，有多少人掂量青春作抵的分量呢？

此刻，我的记忆中闪跳出一个漠视落水者的模糊面孔，那只瘦长瘦长的贪婪的手伸向人群，他说：救人可以，你有多少票子？

我伫立在纪念碑前。

这里遍植花草和万年青树。月色中，我找寻那一串年轻而陌生的姓名，但没有。其实，1931年的同一天，献身于斯的近百位烈士，有许多不知名姓。

月光如泻。四围静穆。鸟的清音诉说又一个平安祥和之夜。

幸甚，这里嵌有好些照片，年轻的浮着笑意的照片。面对死亡，英雄的笑竟如此淡泊而从容。

有谁理解这笑的内涵？

面对英雄坦荡的笑，一切庸俗的卑微的龌龊的灵魂都无地自容。英雄的伟大，在于人格的高贵，正如太阳，相比之下，一切光源都为之黯然。

英雄永远是英雄。无论岁月走过多远，寒暑

更迭了几回。英雄与社会同在。社会进程中不能没有英雄。

今夜，月色清纯。我以什么祭奠这些崇高的魂灵呢？环顾四野，唯有空空静静的无边月色。那么，掬一把月华吧，以最纯净最圣洁的光辉供奉于英雄的脚下。

四山空寂。北邙山在月夜中。

九、亲切爱怜

孩子　让我对你说

梁　冰

“是的。”医生平静的话宣布了你的存在。

这消息对你的妈妈、爸爸简直就是震耳欲聋的激动。

爸爸、妈妈这称呼太神圣了，作为你的父亲，忽然，我觉得自己雄伟得像一座高山了。孩子，一个生命的形成是伟大的，你将使一个家庭接近完美，使这个世界富有生机。

从知道你存在那天，有时会随手拿出一枚硬币抛向空中，“面”是男孩子，“字”是女孩，可是，无论哪一面落地，还是忍不住要再抛、再抛。

孩子，其实你是男是女真的无所谓，妈妈、

爸爸、爷爷、奶奶都会无条件地接纳你，因为你是天使。

可是，孩子，我不能不告诉你，在我的内心深处，依然盼望你是男孩，原因并不是我重男轻女。在这个世界上，人们把女孩比做花，是因为她们太娇艳，太让人怜惜，轻轻一碰，便让人痛彻肌肤。女孩又最注重爱和美。而男孩不同，苦难会使一个男孩成为坚强的男子汉，成为一个托起世界的人。

但是，如果你真懂得了这些，即使你是女孩，我也不会担心了。孩子，无论你是男是女，我必须对你说：

你的到来，使你的母亲开始了放弃，你使她的身体一天天臃肿起来，她放弃了华丽的衣裙，更重要的是从此她将与青春道别。你的母亲天生喜欢东游西逛，可她不得不放弃奔跑，变得安静。所以爱你的母亲是天经地义的。

孩子，在你降生后以及成长的过程中，这个世界会有许多人向你伸出手帮助你，就在此同时，你也必须伸出手搀扶别人。

孩子，在你未成年的时候，我可能会打你。你在雨天冲进雨里，弄的浑身泥水，在吃饭时打碎碗碟，我不会打你。打你是让你从小无条件记住，什么是丑恶，什么是美善，什么是虚伪，什么是真实，什么是肮脏，什么是高尚……

孩子，在你成人之前，我们责无旁贷地要为你敲开你面前的每一扇门。可在你长大以后，你面前的门再不会有人为你敲，你必须自己推开，不论里面是什么世界，你必须承受。

孩子，我允许你犯错误，可不能允许你同样的错误犯第二次，你不能在同一个地方摔倒两次。

孩子，这个世界并不完美，在丑恶面前，你必须筑起森严壁垒，然后向丑恶宣战。

孩子，你在学会笑的同时必须学会流泪，笑能使每一个人享受温馨，而流泪又使你记住坎坷。

孩子，你是我们一生的筹码，可牌在你手里，发哪一张，要看你的操作。

孩子，我们需要你，这个世界也需要你。

等你！

十、幽默风趣

名人与凡人

王乾荣

王选不但是科学家，还是演说家。

王选在北京大学的一次演讲中，不经意地做

了一篇绝妙杂文，我给他拟题曰《名人与凡人之别》，现照录如下：

“名人和凡人差别在什么地方呢？名人用过的东西，就是文物了，凡人用过的就是废物；名人做的一点错事，写起来叫名人轶事，凡人呢，就是犯傻；名人强词夺理，叫做雄辩，凡人就是狡辩了；名人跟人握握手，叫做平易近人，凡人就是巴结别人了；名人打扮得不修边幅，叫真有艺术家的气质，凡人呢，就是流里流气的；名人喝酒，叫豪饮，凡人呢，就叫贪杯；名人老了，称呼变成王老，凡人就只能叫老王。”

王选“做”这则杂文，倒不是要嘲讽别的名人。因为意识到自己“似乎慢慢在变成一个名人”，所以大概王选想自我调侃一通吧。实际上王选是一个货真价实的名人，他如此作文，能引来人们的由衷钦佩和笑声；若凡人做类似文章，就是“吃不着葡萄说葡萄是酸的”啦——这也是名人与凡人之别，叫“名人的自嘲是幽默，凡人讽刺名人是醋坛子”。

而在我眼里，王选不单是名人，他首先是一个能人。

王选在说了名凡差别之后道，“要保持一个良好的心态，认识到自己是一个非常普通的人”这是他的要旨。王选三十八岁搞激光照排时，是这方面的权威，没人拿他当名人，六十一岁过了创造高峰期，却“变成一个名人了”。但名人王选以凡人自居，并且说自己已到了“犯错误的年龄”——这才是君子风度。

于是我领悟到，做一个能人和君子，比做一个名人实在——这也是凡人的方向。

十一、豪放舒展

大三峡抒怀

胡　昕

1

必须站在人类精神的高度，才能瞭望到你的苍茫与雄浑。

大三峡，这是怎样的一种伫望呀，使岁月不得不从逼窄的激流中甩开步子，归向我们的激情和命运。

秀峰裸岩之中，其实又有多少期盼多少神话多少创痕多少冷月斜阳。

此时，我看见一朵浪花正闪烁在一只鹰的翅膀上。

是呀，还有什么比飞翔的姿态更能接近我们的心境？更能接近那片在黑暗中上升的光芒？

2

请允许我们亮出手掌，与旷世的风交谈，与埋在石头深处的火焰交谈。

大三峡，面对你，我们曾经是不是少了些力量的表白，以至于这一次神圣的抚摸，生命里就涌满了爱情的苦痛?

家园是渐渐地远了，只有枝头上的果实，晃动在季节的明丽处，因你而生动，因你而孕出多少诗意的传说。

雄性的手影，在切开的石缝里，在截断的狂涛中，慨然高歌。

3

大三峡，我们的确需要在对你的重新构思中，不断地鼓舞自己，不断地加深自己。

松开手，让梦幻走远，让空落走远，挺立在你的悲壮与激昂之中，用我们的血液鲜艳我们的旗帜；用我们的旗帜打断岁月对你平静的叙述。

汇入你涌进的激流，我们已无处停留，无处安顿；任你久远的沧桑灌满我们的胸怀，滋润我们精神中强壮的花朵。

大三峡，你无疑是坚实的，那么，就让我们把你作为一级石阶，去完成一次超越吧。

十二、庄重哀怜

南级跳伞发生意外

人类首次南极跳伞尝试12月6日以失败告终，6名探险者中有3人因伞包打不开而坠地身亡，其中有两名美国人和一名奥地利人。目前事故原因尚未查清。

这6名探险者是在一家名为“国际探险网络”的公司组织下尝试这次南极跳伞的，为此他们每人付出了22000美元的费用。这家公司1988年起组织了多批南极观光活动，但组织南极跳伞还是第一次。

事发当日，探险者们乘一架名为“孪生海獭”的飞机飞抵南极上空，从2600米的高空降落，两名跳伞者的伞包完全没有打开，一名打开了一部分。救援人员在短暂搜索后很快找到了他们的尸体。

其他3名跳伞者，一个美国人和两名挪威人，最后安全着陆。

遇难者的尸体随后被运往国际探险组织在智利的办事处，并被智利当局接管，其他几名幸存者停留在南极，继续他们在南极滑雪、攀登的探险，直到上周五才返回。

南极不被任何一个国家拥有，因此私人机构可以组织这样的探险活动。国际探险网络几年来在南极的探险还是很成功的，只在 1993 年，在一次组织南极滑雪的行动中，为营救一批陷入困境的挪威人时，该公司的一名成员献出了生命。

宋燕

广西境内发生车祸
三名记者因公殉职

记者杜峻晓报道：昨天下午 2 时，记者本人与中央驻桂和广西新闻单位的 9 名记者乘车赴革命老区百色地区采访南昆铁路纪念碑揭幕仪式。当车行到邕色公路思林路段时，从对面驶来的一辆大巴车因下雨路滑刹车不及，与记者所乘的依维柯猛撞在一起。

当记者清醒过来时，发现所乘车的车盖被掀走，3 位女记者已因公殉职，她们是：新华社广西分社实习记者卿莎婷、广西人民广播电台记者唐柳燕、中新社广西分社记者李小霞。另有 4 人受重伤、4 人受轻伤。正在记者打电话与南宁联系的时候，一辆满载着武警战士的大客车驶了过来。武警战士立刻停车，将受伤的中国青年报驻广西记者胡平、柳州铁路局新闻科严群力、中央人民广播电台驻广西记者刘发丁以及受了重伤的司机抬到车上，送到田东县医院紧急抢救。这时，记者发现了仍躺在血泊中的工人日报女记者庞慧敏，忙将她抱下毁损严重的汽车。一辆三菱吉普车停在记者与庞慧敏面前，车上的人向记者招手："快上车，快上车!"记者上车后，才知道乘车者是百色市市长黄卫革。黄卫革对司机说，马上去平果县医院。车上，黄卫革市长急向平果县联系就诊事宜。当我们赶到时，抢救准备已经做好。昨晚10时40分，记者从有关方面得知，受重伤的中国青年报记者胡平已脱离危险，其余伤员正在救治中。

今天上午，广西壮族自治区党委和铁道部领导到医院看望了受伤人员。据悉，发生事故的详细原因正在调查中。

十三、意味深长

时髦的"做书"

如今的书界，书商和策划人无疑成了主角，他们的触觉异常灵敏，同身经百战的商人一样，一旦发现了可供开发的“商机”，便马上奋不顾身地扑过去。他们把这种商业行为叫“做书”。

做书第一步便是找几个哥们来制作产品。这些哥们把文字分解成若干部分，然后马上去查找资料，疲于奔命地去完成自己的那一部分，因为抓紧时间最为重要。“知识经济”卖火了，咱们大家都来做一做“知识经济”；“格调”畅销了，咱们弟兄就来派生点“品格”、“品位”。当然更聪明的做书者，是让别人跟在自己屁股后边跑。在此过程中，书籍的完成已非写作之“作”，乃是操作之“作”。

做书的第二步尤不可缺，那便是在报章大肆吹捧，这就如上市前的吆喝。高明一点的做书者还可以找亲近的朋友来骂一骂这套即将上市的书，骂得越狠越好。读者还没见到图书的影子，骂声却早已灌满了耳朵，逆反心理会支使读者非要找这本书来看，一买你就上了他的当。另外，做书者还会搞出各种名目的图书排行榜，这种方式还是比较能唬人的。如果一位读者总是无缘无故地从排行榜上见到一本陌生名字的书，他一定会对自己的判断力产生怀疑，从而盲从于这个榜单。

做书时代改变了读者与作者之间的关系，以前是作者写了读者买来读，两人在交流的过程中互相愉悦。而现在除了极个别的以外，作者已渐渐隐去，只剩下做书者摆着一副商人面孔对读者说：“您要来点什么？高雅的，还是俗的？只要您掏钱，我立马给您切一盘来！”

王国华

天鹅的翅膀依然沉重

中央芭蕾舞团走过了40年岁月，成功地排演了天鹅湖等著名舞蹈，但该团至今依然处境尴尬。

目前该团一年预计需要约1000万元人民币，而体制改革以后国家一年只发给该团200万元左右，这意味着每个演员的平均月薪只有375元，而这个近百人的国家艺术团体，演出一场芭蕾舞剧的收入只有5万元，还抵不上一位歌星唱两三首歌的报酬。因为缺少足够的钱买煤，团里只能每天提供两次洗热水澡的时间，每次只有15分钟，过时不候。

赵汝衡女士说：作为团长，我最怕的还是人才流失。“其实，从开放的政策来说，应该允许他们走，我没道理留住他们，他们是期望在有生之年，接触舞台，接触各种各样的不同门类的东西。但是，每个人走，从我的内心来说都是痛苦的，因为他们在这儿走过了他们自己的一段挺辉煌的路，后来，他们就想出去了，他们对你的工作不满意，对你的环境不满意。我不能怪他们……”

赵汝衡11岁起开始学芭蕾，一心想成为中国的乌兰诺娃，随着“中芭”几度沉浮，经历了各种磨难，落得一身伤病。她说：芭蕾舞演员都是科班出身，从小就开始练。培养一个人才需要六至十年，而他（她）的艺术寿命也就是十年，加起来，前后最多也就20年，如果这个阶段，他（她）们在艺术上得不到充分展示的话，实在太可惜了。

晓风

十四、憎恶愤激

又一中国女生在美国遭枪杀

10月19日四川女孩胡璐在休斯敦自己的寓所前被杀。仅一个月后又一名中国留学生遭枪杀。

11月18日下午，吴小莹和女友陈坚走出位于俄亥俄州哥伦布市的寓所，准备开车去购买感恩节的物品。车刚要启动，忽然一个黑人青年打开车门，用手枪指着二人恐吓她们交出钱包。吴、陈二人本能地打开车门，夺路狂奔，歹徒向两人开枪，打向吴小莹的一枪正中其颈静脉，歹徒在吴倒地后又上前补了一枪后逃逸。

吴小莹被送往医院后20分钟即告不治。

当地警方次日傍晚7时逮捕了凶嫌，18岁的非洲裔男子泰森·布鲁斯。

吴小莹夫妇已来美8年，有一个儿子，7岁。他们所在的哥伦布城是俄亥俄州州府，美国人称之为一个适于安家的城镇。吴小莹的丈夫潘宝成在俄亥俄州立大学化学系读博士后，她自己刚刚取得计算机专业的学士学位。像吴小莹夫妇那样40岁左右来美国的，虽然来了七八年，但由于生长环境等原因，感觉上很难融入主流社会，在家里或是朋友间都非常中国化。所以基本上属于“两耳不闻窗外事，一心只做美国梦”的那种人。

出事后一周举行了葬礼，台前挂着一幅对联：人渣肆虐问苍天人权何在；暖巢顿碎哭冤魂胞情犹在。她生前的好友在发言中说她是一个善良热情的好人，做得一手好菜。大厅里一片抽泣之声。

11月29日吴小莹一案进行第一次听证。凶嫌泰森，刚满18岁，又是初犯，所以辩方律师很有可能以这些原因要求轻判，判个七八年了事。这种案件一般是由法院指定律师做公诉人，吴家人又请不起好律师。网上呼吁留学生去旁听声援，希望法庭能有一个公平的判决。

审理将是一个长期的过程。

张南

十五、郑重批驳

李瑞环在日本批驳“中国威胁论”

记者温宪、于青报道：正在日本进行正式友好访问的全国政协主席李瑞环日前在接受日本广播协会（NHK）电视台著名新闻节目主持人道传爱子采访时强调指出，中国发展了决不会威胁别人，中国不发展倒会带来麻烦，中国的发展不可阻挡。

李瑞环说：近年来，国际上有人散布“中国威胁论”，这是完全没有道理的。我认为，判断一个国家是否构成威胁，不在于它发展快慢、是否强大，正像一个人是不是伤害别人，并不在于他的个子大小、身体强弱，而要看他的品德和为人。

他说：中国发展了决不会威胁别人。中国一贯奉行独立自主的和平外交政策，中国希望同各个国家长期和睦相处，有一个和平稳定的国际环境。我们实行这个政策是郑重的、真诚的，是长期不变的，因为这符合中国人民长远的根本的利益。中国有崇尚“和为贵”的道德传统。一百多年以来，中国曾饱受外来势力欺凌之苦，“己所不欲，勿施于人”，爱好和平的中国人民憎恶侵略，绝不会把这种苦难强加给别人。目前中国经济发展水平仍比较落后，人均国民生产总值不到八百美元，只相当于日本的四十分之一。按照我们的设想，再过五十年，也只能达到中等发达国家水平。再过一百年，中国能不能赶上发达国家的水平？到那时，世界将是个什么样子？国与国之间的关系将是个什么样子？我是乐观主义者，人类社会尽管有曲折，但总是向前、向上，向着更加文明、更加理性的方向发展。

李瑞环指出，中国不发展倒会带来麻烦。中国有十二亿多人口，如果经济长期不发展，不仅国内得不到安宁，而且人们还会因为饥馑、贫困往国外跑，那将是一个什么样的局面？这倒可能是一种“威胁”。一位有远见的东南亚国家领导人指出：“我们担心的不是一个富裕的中国，而是一个贫困的中国。”这些年中国经济迅速发展，增强了国际经济合作的能力，和中国交往合作的国家包括日本在内，不都从中获得了巨大的利益吗？中国的稳定与发展，有利于世界各国，本身就是对世界和平与发展的重大贡献。

他说，中国的发展不可阻挡。极少数敌视中

国的人不断鼓噪“中国威胁论”，其目的就是束缚中国的手脚，不许中国发展。中国要发展，就说你威胁别人，这究竟是“中国威胁论”，还是“威胁中国论”？中国人民永远不会忘记落后就要挨打的教训，过去积贫积弱，任人宰割，今天发愤图强，靠自己的力量维护国家安全。中国决不威胁别人，也决不能再受别人威胁，“人为刀俎，我为鱼肉”的时代决不允许再出现。中国老百姓有句俗话：“听蝲蝲蛄（即蝼蛄）叫，还能不种庄稼？”“中国威胁论”只会激发中国人民同心同德，专心致志，发展得更快更好。

李瑞环还就中日关系、中美关系、台湾问题、澳门问题、环境保护以及邪教“法轮功”等问题回答了记者的提问。

第五章　情景再现

理论提示　为了使思想感情处于运动状态，我们对稿件进行了分析理解，并进行了具体感受和整体感受，这些也只是一次铺垫。如果播音时不能把那深刻的理解、具体的感受再一次唤起，不能在形之于声时既动脑又动心，不能句句情动于衷，有感而发，那么，任何最充分的准备与钻研、体味与酝酿，也只能是付之东流了。这里的关键，是“第二次唤起”。

第二次唤起，是进入播音内容的必备条件。播音时，应该做到“见文生情”，即，看到文字，又看到内涵；再现场景，又引动感情；产生表象，又把握本质……几乎同时涌现出来，在脑际萦回，在胸中激荡，在声音中流露。这就是我们经常说的“情景再现”。它的关键就是运用再造想象。播音员不能没有想象，而且要比一般人具有更丰富的想像力。但是，稿件的确定性，使播音员的想象不能“任意驰骋”，必须以符合稿件的需要为前提，以稿件提供的材料为原型。播音员对稿件的开掘和驾驭，完全是为了播出，为了让受众接受。于是，播音员的再造想象有着自己鲜明的特点。“情景再现”是播音员再造想象的恰当概括。

一、示例《我和花椒》及分析

情景再现，它主要指在符合稿件需要的前提下，以稿件提供的材料为原型，使稿件中的人物、事件、情节、场面、景物、情绪……在播音员的脑海里不断浮现，形成连续活动的画面，并不断引发相应的态度、感情。这个过程就是情景再现。

情景再现当然不是被动的自然物。它必须通过播音员的主动进取。我们以下面这篇稿子为依据，看看它的大致过程。

我和花椒

刘　速

闻它，冲鼻子的味儿，恶心；

吃它，直麻舌头尖儿，头晕；

看它，像一颗颗小红药丸，皱眉。

这就是我对花椒的第一印象：难闻、难吃、难看。

去年暑假的九寨沟之行，一来让我饱览到世界名胜；二来又让我真正领略到“苦”的滋味。

别的不说，光是长途车后座摆的那两大麻袋花椒，就够了我一大呛，再加上那里的食品，从街头小吃到饭店正餐，几乎都少不了花椒，真令我苦不堪言。

我真想把花椒狠狠地诅咒一番，谁知刚开了个头儿，便引来当地许多人的啧啧称赞。这个说花椒治好了他的咳嗽，那个说花椒治好了他的近视眼，连妈妈也说做菜搁花椒能提味儿。

在去往九寨沟的路上，到处可见一丛丛的花椒树。武都和文县，因出产著名的花椒“大红袍”而闻名。又因为它们都算的上是“大地方”，所以路过此地的时候，我们便停留一天，逛逛小县城，想买点儿土特产。

但一走进市场，我就失望了。巴掌大的地儿，一水儿的花椒地摊儿。迎着街上弥漫开来的浓浓的花椒味儿，我硬着头皮朝前走。

我的脑子一片空白，卖花椒人的吆喝声与身影都是那么的模糊。突然，一声声稚嫩清脆的、拘谨的叫卖声传来：“花椒，刚摘的好花椒……”

面前站着的是一个小男孩子，衣衫褴褛，脸色黑黄，（我曾听大人们说，这里是贫困山区，不少孩子由于营养不良，面色都是黑黄黑黄的，）再加上尘土飞扬，自然是满面尘灰了。再看他的手，皮肤粗糙，一条条的血道已经结痂。他全身散发出来的不仅是汗味儿，更多的是花椒的味道，令我不敢靠近。孩子呆呆地凝视我，双唇紧闭，眉毛高扬。最让我牵魂动魄的则是他的那双明亮的眼睛。

他的双眼——那么的纯净，那么的透亮，我努力在这短暂的沉默时刻读懂藏在他双眸里的东西。

“大姐，您买花椒吗?”

我一时不知说什么好，买花椒，我是不感兴趣的，不买，又怕辜负了那双眼睛。

我歉意地摆摆手。

小男孩很失望，我看着他那样子，说不清为什么，内心有一种不安，很想安慰他几句，便问:“你几岁啦?”

“8岁。”

“这块儿卖花椒的人那么多，你那么小，干嘛偏偏要来卖花椒呢?”

“攒钱。”他回答得很干脆。没等我反应过来，他问我:“大姐，您从哪儿来?”

“北京。”

“噢，北京!我连做梦都想去。”他闪着机灵的眸子，在幻想什么。

“那你现在为什么不去?”

“等我念好了书，到北京上大学。”他立刻显得很激动很羡慕的样子。

这个小男孩子好像跟我亲近了许多，我便和他拉起家常。我问他攒钱做什么。他告诉我，他家穷，要想继续念小学二年级，就必须靠自己。他说，他家没有别的挣钱门路，只有去卖自家种的花椒。

我的脑子飞速旋转着。我想到电视里宣传已久的“希望工程”，没想到，这“希望工程”的“工地”如今就在我的眼前。

大脑又递给我一个信息，它逼迫我，叫我不得不重新考虑买花椒的事。买？不买？我不知被什么操纵了，鬼使神差地问起小男孩来：

“你这花椒怎么卖？”

小男孩眼睛一亮，脸上露出一种难言的笑容，也许是奇怪我怎么突然改变了主意。他咧嘴笑了一下，看着我的眼睛，说：“你定吧！”

这着实让我为难了。

我该如何定价呢？正在我拿不定主意的时候，瞬间，我窥视到他的双眼——仍然是那么的纯净，仍然是那么的透亮，黑白仍然是那么分明。

然而这一次，他凝视的对象并不是我，而是我肩上背着的，已经很破旧的书包。

我对小男孩的这个举动非常的不解。这是一

个很不起眼儿的双肩背书包，上面没有什么特殊的好看的图案。假若有谁要这个包的话，我会毫不犹豫地塞给他。

小男孩注意到我在看着他了。我正要把想好的价钱告诉他，几乎是在同时，小男孩以一种试探的口气低声问我："大姐，用我的花椒换你的书包，成吗?"

我被吓一跳，他怎么会愿意用这么多花椒来换我的旧书包呢？要知道，当地的行情是 500 克花椒 12 元啊!

他大概以为我正犹豫跟不跟他换这个书包，他又说了一句："您要是嫌不够，我再回家多摘些给你……"

我告诉他，他的一口袋"大红袍"要值很多钱，而我的书包远远抵不了。

可他却揪着我的手，执意要换，近似哀求地说："大姐，我就要你这个从北京带来的书包!"

我没有办法了。就这样，我用一个小书包跟小男孩换了一口袋"大红袍"。

我连书包里的一支铅笔和一块橡皮全都给了他。他欣喜极了，好像是胜利地完成了一件大事。一下子背起我的书包，连蹦带跳地走了。

小男孩走了，我望着他的背影，突然想起应当问他的姓名和地址。便提着这一大包花椒急忙地追上去。

“我的小名叫‘花椒’，我喜欢人家这么叫我，你也这么叫吧！”他又说出了他家的地址。

“花椒”？这孩子的名字？我一向讨厌的那种东西？当我想起要问他的学名时，连这孩子的影儿都望不见了。

这时，一股浓郁的花椒味儿扑鼻而来。奇怪的是，原来那冲鼻的难闻的花椒味，忽然变得清香起来。我深深地吸了好几口。

小男孩的眼神和身影伴随我游览九寨沟的风光，又伴随我回到北京的家里。

到家的第一天，我什么也没来得及干，就取出 50 元零用钱，一口气跑进商店，买了一个又大又漂亮的书包，然后去邮局，按照小孩儿给我的地址，打算把书包寄给他。当我郑重地在收件人一栏中填上“花椒”两个字后，又在书包里夹了一张纸条，上面写着：“花椒：我真希望有一天能在北京见到你！”

以后，花椒就成了我的宠物。

我和花椒就是有缘。我爱花椒！

理清头绪

稿件材料原型中的情景是怎样开头、发展和结束的，我们脑海里那连续活动的画面怎样发展，变化？哪些是“特写镜头”，哪些是远景、全景？是由远及近，还是由近及远？必须成竹在胸，走向明确，主次得当。

“我和花椒”这篇稿子写了作者从讨厌花椒——接触卖花椒的孩子——认识“希望工程”——喜欢卖花椒的孩子——喜欢花椒，这样一条叙事线索来展示出作者内心的一系列变化。从同情孩子开始到认识社会，再到付诸行动。轨迹清楚。作者着墨最多的地方，当然是中间部分。它也是由三部分来布局的。孩子的表象——孩子与作者的对话——孩子的行动。可以说“工笔细描”在这部分。一个质朴可爱的农村孩子展现在受众面前，他是一个渴望读书、有理想的孩子。博得了作者的同情、支持，但他更应该博得播音员本身的同情、支持，进而引起受众的共鸣。

设身处地

要把稿件所叙述、描写的一切都作为亲眼所见、亲耳所闻，甚至亲身所历。我们要置身其中，获得现场感，时时刻刻感觉到“我就在”，真切感受到现场的环境、气氛、转换、变化。重点感受到稿件中所详细描述的地方。

在这第二步里，“我就在”的感受如果能把握住的话，它就为创作提供一个很好的语言环境。本文是第一人称，作者年龄和同学们差不多。如果“我就是”作者，我把当时的一切详详细细讲述给受众听，也一点不为过。作者叙述、描绘的九寨沟附近的“市井”及盼望上学的农村孩子，也是我亲眼所见，亲身所历。播音员置身于与孩子的对话之中，应在情理之中，这样也就会获得了现场感。现场的环境、气氛也能同样感受到。到后来作者回到北京后马上给孩子寄新书包，也应看成是我思想变化的一个升华。

触景生情

脑海里不断浮现着画面的同时，我们要时时作出积极的内心反应，要接受画面的刺激，获得具体感受，作出判断，给以评价，引起情感体验，产生饱满、细腻的感情。

“面前站着的是一个小男孩，衣衫褴褛，脸色黑黄……再看他的手，皮肤粗糙，一条条的血道已经结痂。”

看到这个和你同时代的，但不是一个地区生活的孩子，你的内心反应应该是同情的、亲近的、疼爱的感情。

“噢，北京！我连做梦都想去。”“等我念好了书，到北京上大学。”他立刻显得很激动很羡慕的样子。

孩子这种渴望北京、渴望上大学的期待的感情，从他嘴中说出来的时候，你和他也应有同样的盼望、憧憬的感情。

“大姐，用我的花椒换你的书包，行吗?”“你要是嫌不够，我再回家多摘些给你!”“他欣喜极了，好像是胜利地完成一件大事。一下子背起我的书包，连蹦带跳地走了。”

这样朴实无华的农村孩子，你怎么能不产生对他怜爱的感情呢，他本身急切上学的感情，也会形象化地展示在受众面前。

现身说法

脑海里活动的画面和与之相应的感情不断融合着、变化着，丰富着稿件文字语言，通过播音员“溢于言表”，让受众听明白、感受到。稿件中的情景在播音员心中连续地、不断地再现出来，又表露在有声语言中，这就是情景再现的“动于衷”和“形于外”的过程，直到稿件结束。

既然稿件中情景始终“我就在”，在完成了上述三种步骤之后，你会产生一种迫切的愿望把这情景再现的过程说出来、转述出来，这也正是播音员的责任。由于播音员头脑中再现了作者及与小男孩的交往过程，再经过自己的消化吸收，加工制作，也会使受众产生同去九寨沟，同与孩子交往的情景再现，从而受到播音员的感染，受众也会有所感悟，进而付诸行动。

二、"情景再现"文稿练习

1. 红辣椒，黄包谷

卢兆盛

练习提示 这篇散文具体细致地描绘了红辣椒、黄包谷，映衬出秋天的美丽的画面。叙述时应有利于调动自己的视觉、触觉、空间觉等形象方面的感受，以表现出对乡村秋天的歌颂。

秋天，在乡村的屋檐下，总有一耀眼的东西牵住你的目光，让你看了还想看。那东西是暖色的，给人一种温暖的感觉，一种温暖的享受。

那火红火红的，是辣椒，或尖长或圆实，一串串，悬挂得极有层次。

那金黄金黄的，是包谷，通体饱满硕壮，一行行，排列得颇为壮观。

这红辣椒，这黄包谷，经秋阳朗照，青瓦映衬，便红的更红，黄的更黄，反射出一束束赤焰金光，仿佛要花了你的眼；那一颗颗晶亮的包谷籽儿，令人担心它们会随时膨胀炸裂，成为一朵朵极美丽的雪白的米花。

能够达到今天这个高度，并炫耀于灿灿秋日下，它们在地里时恐怕做梦都未曾想到吧。它们当然不会知道自己已被选定为种子，等来年又将摇曳一片春光一片秋色。而种它们育它们采摘它们的农人，在将它们高悬于屋檐下时，也许并未想到那红红黄黄的汗水的结晶会成为绝美的立体的风景吧。

这绝美的立体的风景如画如诗如歌，属于乡村的秋天。

2. 走进世博园

晓　雪

训练提示　这篇散文的题目就让我们产生一种动感，它会使受众随我们一起进入花的世界，树的海洋。文章层次很清楚。应充分调动自己的感受，从宏观上让受众感受到自然的可爱，虽然调动你的只是“看”，但你还要有时间、空间及听等多种感觉的存在与感受。

走进昆明世博园，我一下子看见了全中国、全世界！一进园门，便见一座直径为 19.99 米的巨型世纪花钟。它是一条长 850 米、宽 40 米的花园大道的起点，这条大道由 45 万盆鲜花铺就，依次设有高 17 米、长 30 米的“花船”，由报春花、三色堇、万寿菊、金鱼草汇聚成的“花溪”，溪边“花开新世纪”的巨型雕塑，把我引入了梦幻般的天地。

北京的“万春园”，山东的“齐鲁园”，广东的“粤晖园”，重庆的“巴渝园”，山西的“槐香园”，陕西的“唐园”，江苏的“苏园”，江西的“瓷园”，云南的“彩云园”，广西的“山林园”，上海的“明珠园”，西藏的“宝贝林卡”，天津的“百龙嬉水”，吉林的“白山天池”，贵州的“黔山秀水”，安徽的“水口园林”，甘肃的“敦煌飞天”，内蒙古的“草原之家”……还有荷兰园、法国园、日本园、美国园、泰国园、缅甸园、老挝园……还有竹园、茶园、药草园、树木园……

我看到吉林的白桦、西藏的高山松、广东的大王椰、甘肃的火炬树、黑龙江的暴马丁香、湖北的海棠在这里深深扎根，长得郁郁葱葱！

我看到华盖木、伯乐树、金钱松、水青树、银杉、秃杉、水松、华榛、毛叶拐枣等等国家一类、二类的珍稀保护树种，在这里安家落户，一派生机勃勃！

我看见春、夏、秋、冬，无数种奇花异卉同时在这里竞相开放，万紫千红！

我看见东、西、南、北，无数种绿色植物一起在这里欣欣向荣，叠翠涌绿！

我看见四海奇树，五洲绝品，百邦园艺，万方花卉，在同一块土地上、同一片阳光下汇聚。

我在翠叶青青、小径幽幽的竹园漫步。

我在来自七百多公里外、如今已有四百多年历史的大茶树下徘徊。

我在神奇的跳舞草旁边，以三十到五十分贝的声音唱起一首情歌，只见绿衣仙子真的在抒情的歌声中慢慢起舞……

“人与自然——迈向21世纪”——多么重要、多么深刻、多么美好、多么富有诗意和哲理的一个主题。

3. 一只苹果

徐小江

训练提示　这篇短文侧重于行动及人物内心的描绘，以表现出人与人之间的关爱以及可产生的尴尬，应细致地体会、准确地把握，以找到正确的感受。

周六从美术馆出来，到马路对面坐电车。车迟迟不来，我把注意力转向车站边儿上的小地摊。摆摊的是个中年妇女，看模样和打扮应当是北京人。她大方地迎着我的目光问：“买点儿什么?”纯正的京腔，果然是本地人。

“随便看看”我边说边低头扫看她的货。她卖的都是家用小零碎：针头线脑、鞋垫、发卡、牙签、一次性打火机……没有我想买的。

她脚上是一双旧式的皮棉鞋，系着带儿。她小心地站在白布单后面，怕踩脏了似的。两只脚不停地挪动，大约是站久了冻的。腿上鼓鼓囊囊的该是穿了棉裤，身上的外套不时兴但也还体面，是很大众化的那种，估计她是个下岗女工。“你想要什么?”她主动招呼我，想推销一下，又不知从何说起，只是声音里带着迫切。

我摇了摇头，又觉不妥，站了好一会儿，除了我，还没有别的顾客。她脸上掠过一丝失望，很淡，很不经意。我有点过意不去，看了半天什么都不要，白给人希望。我怀着歉意看她，她却将脸扭向一旁，若无其事地袖着手，继续左右倒着脚。

悄悄走开也就算了，我当时不知碰了哪根筋，非要有所表示。我的包里有一只洗好的大苹果！这念头让我兴奋，但她会接受吗？我紧张地看她，她的嘴唇很干，皱皱巴巴的有裂纹。她需要！我在心里下了判断，四顾无人，从包里掏出苹果递到她眼前：“给你个苹果吧。”声音很小，只有我俩能听见。

她吃惊地瞪大眼睛，继而用力摆手，身子往后退，警觉地说：“我要苹果干吗?”

“吃啊，这是洗过的，很干净。”为打消她一脸的不信任，我又画蛇添足道：“这没有毒。”

她更加坚决地摆手并摇头，表情极不自然，还生怕被人发现似的，眼神不定。

我一下子变得非常尴尬，伸出的手僵着。我更不想让人看见，只好抽回手，把红得刺眼的苹果举在胸前。我匆匆地向车站另一头走去，好像路人都在看我似的，抬不起头来。但我感觉最逼真的是背上的一双眼睛，我知道她在盯着我。

怎么办？如果把苹果放回包，她肯定以为我在戏弄她、侮辱她，用一只有问题的可疑的苹果。吃给她看！虽然我此时没有半点儿胃口，虽然我明知这大苹果一时吃不完，还要吃着上车，而我最不喜欢在公共汽车上吃东西……但为了告诉她这只苹果没有问题，没有恶意，我就迎着风吃起来，大口地嚼，夸张我的需要。

她的眼睛一直跟着我。我在心里骂自己太傻，狠狠咬着苹果，解气似的，可又担心即使如此仍不能真正解除她心里的不快。

车进站了，我居然已经吃了大半个苹果。高举着剩下的半个上车，我希望她能看见，这是一只友好的苹果，但表达的方式很蠢。

捧着果核下车，一路上都在为这只苹果而不安。

4. 蜀南竹海天下翠

训练提示 这是一篇介绍蜀南竹海的文稿，写了山、水、花、湖、虫、鸟，这一切都是为了让受众感受到竹海的美丽，文章层次清晰，我们应充分调动自己的感受，以期达到赞扬的目的。

在宜宾城以北1小时车程的地方，有一片全部由翠竹构成的绿色的海洋，绿得沁人心脾。众多的人文古迹分布其中，与自然景观浑然一体，使人流连忘返，这就是“中国自然风景区十佳”之一的蜀南竹海。北宋黄庭坚至此，惊叹叫绝：“壮哉竹海，峨嵋姐妹耳！”

这座迄今为止国内所确认的最大的原始绿竹公园，面积达120平方公里，58种多姿多彩的翠竹茂密地布满了500多座山丘。登高远望，如大海波涛起伏，令人叹为观止。这里气候温和，雨水充沛，空气清新，幽雅静谧，飞瀑如帘，流水淙淙，鸟语花香，秀色醉人。竹海集山、竹、溪、湖、瀑于一体，相衬生辉，融幽、秀、奇、险、壮于一炉，互映成趣，向人们展示大自然的神工巧笔和先人们的智慧妙思。山是竹海的脊梁，其势或起伏蜿蜒，或深涧奇谷；水是竹海的精灵，由山导引，忽儿一道涓涓清流，忽儿一座悬泉飞瀑，忽儿又成为一潭照影碧水；竹是竹海的神韵，无论在山巅，无论在低谷，还是在水边，都挺立着清秀挺拔的绿竹，亲亲密密地你挤我，我挤你。楠竹高大，绵竹密集，花竹斑斓，罗汉竹奇特……千姿百态，爽心悦目。兰花、山茶花、杜鹃花等众多山花点缀其中，竹猴、竹蛙、透山龙等珍稀动物隐现其间，令人目不暇接，情趣横生。

神奇的竹海随季节变幻而展现出不同的丰采：春天，新笋茁壮，生机勃勃，洋溢着生命之伟力；夏日，林中铺满凉意，阵阵微风拂透人心；秋天，琴蛙秋虫合奏，竹子仍然翠绿；冬日，雪涌竹海，翠白辉映，挥洒高洁与情纯。

步入竹海，你可在被翠竹包围了的碧绿的仙女湖、青龙湖或清江河中摇船荡舟，洗尽心中的烦忧；你可去丹壁千仞的观云台上，临岩俯瞰放晴时那给人以强烈韵律感的层层梯田，或起雾时磅礴翻腾的云海；你可在墨溪或忘忧谷中倾听十丈瀑布飞泻而下的豪情，或让思绪流向竹林深处；你可乘坐新建的竹海缆车，一览万顷波涛……如果你不去这些地方，那么就到生来就干干净净的竹林中去走一走，坐一坐，欣赏鸟儿唱歌，听听风儿轻掀的竹涛声，亦是别有一番情趣的。真是“万里翠竹扫去滚滚红尘，一溪清流奏出深深韵音。”

在感受自然美景同时，你亦可去游历那些遍布其间的人文景观。南宋的道观仙寓洞，修建在陡峭山腰长达200米的岩腔内，十八罗汉，滴水观音深居其中，一道悬泉奔流而下，甚是壮观。与仙寓洞毗连的，也是依崖而建的天宝寨，那是清代官府为抵御石达开太平军而造的。黄伞石、回音壁等若干景点分布其上。竹海人去年又在壁上雕刻了长为1000米的三十六计大型石刻，构图严谨，刀功精细，引人入胜。此外，竹海还有一家竹类博物馆，以及龙吟寺、天皇寺、天后寺、回龙寺、罗汉洞、天上宫等许多景点，都会令你心驰神往。

5. 写在音乐之乡的中国乐章

——随中央民族乐团访奥散记

戴 露

训练提示 这是一篇新闻性的散记，在播读时也应有感而发，作者是按时间顺序来描绘动人的中国音乐如何使奥地利观众如醉如痴的。虽是新闻性质但不应客观叙述，还应把自己感受到的情景分寸得当地传受给观众，以使他们产生共鸣，从而加强自豪感。

在阳光灿烂的日子，这个城市的天空总是很蓝，蓝得柔和明净，纤尘不染，因为擦洗这一方蓝天的除了雨水，还有音乐。

即便在风雪之夜，这个城市依然宁静，因为只有宁静才适合聆听，聆听那和雪花一起漫天飞舞的音符。

这里是奥地利维也纳，施特劳斯的故乡。在这里，音乐就是空气、水和阳光。

1月27日晚7时30分，习惯在音乐中沉醉的人们敏感地发觉，那些无处不在的音符一刹间变得陌生了，变得新奇、单纯，既古雅又活泼，他们先是惊讶、愕然，而后兴奋、狂喜，他们拼命地鼓掌、鼓掌……

而此刻的北京，已是虎年大年初一凌晨2时30分，不知道隔了半个地球守岁的中国人是否听得见这遥远的掌声？

一曲奏罢泪沾襟

金色大厅，传统的维也纳新年音乐会举办地，一座永远拥有鲜花和音乐的殿堂。这一天夜晚，一样有鲜花簇拥，是一色的红，8000朵显得喜庆吉祥的红丁香；一样为祝福新年，是全世界华人都会隆重庆祝的中国农历新年——春节；一样有音乐奏响，是已经辉煌了128年的金色大厅前所未闻的中国民族音乐。

编钟、云锣、石磬。舞台深处排列的传承数千年的古老乐器，以它们苍劲的声音讲述着中国民乐悠远深长的历史，铺垫出这一台“虎年春节中国民族音乐会”厚实的文化背景。

音乐会上，由30多种中国民间乐器演奏了12首中国民乐曲。一曲《大胡笳》，说的是三国时代蔡文姬先去国后离子的惨痛身世，用一把真正的宋朝古琴演奏载于1425年《神奇秘谱》的古谱，其声凄凄，其韵依依，精妙之处只能心领神会却难以言传。这样的情韵回荡在以永恒优雅的施特劳斯为主旋律的金色大厅，无疑是撼人心魄的。此时此刻，东西方文明焕发出迥然不同的人文色彩，在交相辉映的同时形成强烈对比，却又同样光华灿烂、同样瑰丽壮美，因为它们同样源自于人类的心灵、情感和智慧。

早在陈燮阳闪光的指挥棒为《春节序曲》画上第一个句号时，一位老华侨的热泪便应声而落。他说，没想到在这么庄严的西方音乐圣殿里，能够听到地地道道的中国音乐，实在是让人高兴。

久居他国，忽闻乡音。这话说出了游子的感动与自豪，也道出了音乐跨越时空的文化凝聚力。

布拉威教授如是说

据说，在奥地利，布拉威教授的出场是音乐会成功一半的保证。在这场长达 3 小时的中国民乐音乐会上，布拉威教授的现场讲解占了大约 1/3 的时间。

在曲目的间隙，80 多岁的布拉威教授衣着笔挺地走上舞台，总是未开言就先得彩。这位穷一生精力看过约两万部歌剧的著名音乐评论家，以他的威望和学识，向奥地利观众力荐中国器乐。在他看来，中国的民间乐器不仅有美丽的名称、美丽的造型，还有不可或缺的美丽音色。中国传统的民族音乐是五音阶，直线发展的；而西方音乐一向讲究和声对位，是横向发展的。东西方音乐分属两个截然不同的体系。然而在 20 世纪，勋伯格十二音阶体系创建之后，西方音乐摆脱了古典赋格的束缚；与此同时，中国的传统音乐也在不断地推陈出新。在不远的将来，在充满希望的 21 世纪，这两道流光溢彩而又远隔千里的音乐洪流能不能相互融汇？

布拉威教授把这个意味深长的问题留给在场

的所有观众和音乐家。

他只是提醒观众，贝多芬的音乐不是仅仅写给德国人听的，施特劳斯音乐不是仅仅写给奥地利人听的，而中国的音乐也不应该只有中国人听。他只是建议中国的演奏家，尝试用中国乐器弹一段西方人熟悉的歌剧音乐，以便他们在比较中加深对中国民乐的理解。他的话常常博得奥地利观众会心的笑声。遗憾的是，大厅内400多名专程来为民乐喝彩的中国观众因不懂德语而不知所云。但他们能够听懂老人不倦的讲解中蕴含的诚恳和期盼。

续一段中国缘

梅莉塔是位见多识广的导游，深谙世界各国风情。但这一次，乍闻中国音乐的她，竟有“惊艳”之感。她不停地说，中国音乐的节奏实在是太迷人啦，很奇妙，尤其是《霸王卸甲》。那只神奇的琵琶，时而铿锵激越，时而温情款款，时而肝肠寸断，时而气壮山河……听得梅莉塔心神俱醉。

音乐会散场后，为了多延续一会儿这份珍贵的“中国感觉”，她又和朋友一起去中国餐馆吃饭。她对老板说，以前以为中国音乐就是你们餐馆的流行小调，现在才知道完全错啦。说得那位老板既惭愧又骄傲。

她热情万分地接待来自中国的客人们，她甚至悄悄地告诉他们，她迷上了那位潇洒的指挥先生……于是，在热心人的引荐下，梅莉塔与指挥陈燮阳见面的镜头，成为音乐会之外又一朵芬芳的花絮。

普通奥地利观众对中国民乐的热情的确令人难忘。他们不停地鼓掌、大声地喝彩、忘情地吹口哨、狂热地跺脚……仅仅通过一场音乐会，他们或许还不能真正理解《二泉映月》凄冷苍凉的人生感慨，也无法细致地品赏《春江花月夜》的精美典雅，但他们迷恋那朵曾盛开在普契尼歌剧中的《茉莉花》清远的幽香，他们陶醉于《瑶族舞曲》中浓郁奔放的异族风情。他们在认真倾听。

因为相异而相吸，因为隔膜而渴望了解。人类相互沟通的强烈愿望，正是不同文化之间交流的原动力。

“维也纳不是终点站”。在返回中国的航班上，中央民族乐团的琵琶演奏员杨静说：“这些年我们一直在不断地努力做事，只是不像这一次引人注目。”她说得很平淡。

挥一挥手，告别音乐之乡的云彩。中央民族乐团奥地利之行的收益，还真不是我笔下这几片浮云能够承载的。

第六章　内在语

理论提示　我们深入理解、具体感受稿件时候，可以感觉到，每一篇稿件所包含的具体思想感情总比写出来的文字深广得多。任何时候，不可能也不必要把稿件内容的细微末节和思想感情写成文字、表达详尽。播音，也不能只停留在文字表面，而要努力挖掘文字后面更深一层的意思，那就是“言外之意”、“弦外之音”。内在语，就是稿件文字语言所不便表露、不能表露或没有完全显露出来的语句关系、语句本质。宣传目的就是全篇稿件的内在语。

内在语的作用。

第一，揭示语句本质。内在含意与文字语言一致的，也可以叫“同向”，在稿件中是大多数。内在含意与文字语言不一致的，可以叫“异向”，属于特殊的情况。文字上看似乎是这样，深入理解，反复推敲后，它的内在含意却是那样。异向内在语可以使文字语言的真正含意确切明朗，从而可以显示语句的实质，听出言外之意，弦外之音。

第二，揭示语言链条。由开头，由上一层、上一段、上一句到下一层，下一段、下一句到结尾，往往用内在语过渡，发挥承上启下的作用，使有声语言形成有内在联系的语言链条，一线贯穿，目的明确，产生逻辑力量，更好地吸引受众，感染受众。

内在语的作用，更明显地表现在对稿件重点、表达难点的开掘中，使重点不致流于一般，使表达不致陷入模糊。

一、示例《小桔灯》及分析

小桔灯

冰　心

这是十几年以前的事了。

在一个春节前一天的下午。我到重庆郊外去看一位朋友。她住在那个乡村的村公所楼上。走上一段阴暗的楼梯，进到一间有一张方桌和几张竹凳、墙上装着一架电话的屋子，再进去就是我的朋友的房间，和外间只隔一幅布帘。她不在家，窗前桌上留着一张条子，说是她临时有事出去，叫我等着她。

我在她桌前坐下，随手拿起一张报纸来看，忽然听见外屋板门吱地一声开了，过了一会，又听见有人在挪动那竹凳子。我掀开帘子，看见一个小姑娘，只有八九岁光景，瘦瘦的苍白的脸，冻得发紫的嘴唇，头发很短，穿一身很破旧的衣裤，光脚穿一双草鞋，正在登上竹凳想去摘墙上的听话器，看见我似乎吃了一惊，把手缩了回来。“你要打电话吗?”她一面爬下竹凳，一面点头：“我要医学院，找胡大夫，我妈妈刚才吐了许多血!”我问：“你知道医学院的电话号码吗?”她摇了摇头说：“我正想问电话局……”我赶紧从机旁的电话本子里找到医院的号码，就又问她：“找到了大夫，我请他到谁家去呢?”她说：“你只要说王春林家里病了，她就会来的。”

我把电话打通了，她感激地谢了我，回头就走。我拉住她问：“你的家远吗?”她指着窗外说：“就在山窝那棵大黄果树下面。一下子就走到的。”说着就噔、噔、噔地下楼去了。

我又回到里屋去，把报纸前前后后都看完了，又拿起一本《唐诗三百首》来，看了一半，天色越发阴沉了，我的朋友还不回来。我无聊地站了起来，望着窗外浓雾里迷茫的山景，看到那棵黄果树下面的小屋，忽然想去探望那个小姑娘和她生病的妈妈。我下楼在门口买了几个大红桔子，塞在手提袋里，顺着歪斜不平的石板路，走到那小屋的门口。

我轻轻地扣着板门，刚才那个小姑娘出来开了门，抬头看了我，先愣了一下，后来就微笑了，招手叫我进去。这屋子很小很黑，靠墙的板铺上，她的妈妈闭着眼平躺着，大约是睡着了，被头上有斑斑的血痕，她的脸向里侧着，只看见她脸上的乱发，和脑后的发髻。门边一个小炭炉，上面放着一个小沙锅，微微地冒着热气。这小姑娘让我坐在炉前的小凳子上，她自己就蹲在我旁边，不住地打量我。我轻轻地问："大夫来过了吗？"她说："来过了，给妈妈打了一针……她现在很好。"她又像安慰我似地说："你放心，大夫明早还要来的。"我问："她吃过东西吗？这锅里是什么？"她笑着说："红薯稀饭——我们的年夜饭。"我想起了我带来的桔子，就拿出来放在床边的矮桌上。她没有作声，只伸手拿过一个最大的桔子来，用小刀削去上面的一段皮，又用两只手把底下的一大半轻轻的揉捏着。

我低声问："你家里还有什么人？"她说："现在没有什么人，我爸爸到外面去了……"她没有说下去，只慢慢地从桔皮里掏出一瓣一瓣的桔瓤来，放在她妈妈的枕头旁边。

炉火的微光渐渐地暗了下去，外面更黑了。我站起来要走，她拉着我，一面极其敏捷地拿出穿着麻线的大针，把那小桔碗四周相对地穿起来，像一个小筐似的，用一根小竹棍挑着，又从窗台上拿了一段短短的蜡头，放在里面点起来，递给我说："天黑了，路滑，这盏小桔灯照你上山吧！"

我很赞赏那小桔灯，接过来，谢谢她。她送我到门外，我不知道说什么好，她又像安慰我似的说："不久，我爸爸一定会回来的，那时我妈妈就会好了。"她用小手在面前画一个圆圈，最后按到我的手上："我们大家也都好了！"显然地，这"大家"也包括我在内。

我提着这灵巧的小桔灯，慢慢地在黑暗潮湿的山路上走着。这朦胧的桔红的光，实在照不了多远，但这小姑娘的镇定、勇敢、乐观的精神鼓舞了我，我似乎觉得眼前有无限光明！

我的朋友已经回来了，看见我提着小桔灯，便问我从哪里来。我说："从……从王春林家来。"她惊异地说："王春林，那个木匠，你怎么认得他？去年山下医学院里，有几个学生，被当作共产党抓走了，以后王春林也失踪了，据说他常替那些学生送信……"

当夜，我就离开了那山村，再也没有听见那个小姑娘和她母亲的消息。

但从那时起，每逢春节，我就想起那盏小桔灯。十二年过去了，那小姑娘的爸爸一定早回来了。她妈妈也一定好了吧？因为我们“大家”都“好”了。

示例分析

这是一篇记事散文，以小桔灯为线索，记叙了小姑娘一家的遭遇，反映了在国民党反动统治下中国社会的黑暗和人民生活的痛苦，赞扬了小姑娘在白色恐怖下镇定、勇敢、乐观的精神，表现了作者对劳动人民的深切同情和对新社会的热爱。

在揭示语言本质上，大多数是“同向”情况，在这里我们揭示的是文学语言与内在含意不一致的异向情况。全文分为四个层次。

在第一层次里，交待了故事发生的时间、地点。“这是十几年以前的事了”是一个时间感受，“我回忆起一个故事来，时间很长了，但我愿意讲给大家听，因为我深切怀念那个小姑娘”，这句话是“同向”的，应带有一定的抒情意味的感情色彩。下面写了朋友住房外面的陈设，为小姑娘的出场作准备。

第二层次是小姑娘出现了，可延续上一层次的感觉。但我们要注意的重点句子是：

“找到大夫，我请他到谁家去呢？”

她说：“你只要说‘王春林家里病了’，他就会来的。”

我低声问："你家里还有什么人？"

她说："现在没有什么人，我爸爸到外面去了。"

她像安慰我似地说："不久我爸爸一定会回来的，那时我妈妈就会好了。"她用小手在面前画一个圆圈，最后按到我的手上："我们大家也都好了！"显然地，这"大家"也包括我在内。

这朦胧的桔红的光，实在照不了多远，但这小姑娘的镇定、勇敢、乐观的精神鼓舞了我，我似乎觉得眼前有无限光明。

以上这些句子表现出小姑娘用隐晦的方式表达了她对光明的渴望，对胜利的自信。"我爸爸一定会回来的，那时我妈妈就会好了。""我们大家也都好了"。这"一定"两个字表示了她的坚强信念，"都好了"三个字表示出，不久，全国一定会得到解放。小桔灯"朦胧的桔红的光"，正象征着小姑娘镇定、勇敢、乐观这些闪光的品质。这种精神品质鼓舞"我"，使"我似乎觉得眼前有无限光明"。显然，这里潜在的、内在的意思应该是，小姑娘代表的新一代是有希望的，中国的未来是有希望的。

第三层是在第十一自然段，补叙小姑娘的爸

爸从事革命工作和失踪的经过。这一段通过朋友的口，很自然地补叙了小姑娘爸爸的身份、政治态度和他进行的革命工作。一方面揭示了小姑娘高贵品质形成的原因；另一方面把小姑娘一家的遭遇放在更广阔的社会背景上，从而更深一层地开掘了文章的主题思想。我们应该把下边的句子的内在语挖掘出来。

她惊异地说："王春林，那个木匠，你怎么认得他？去年山下医学院里，有几个学生，被当作共产党抓走了，以后王春林也失踪了，据说他常替那些学生送信……"

这里，她朋友说的话很讲分寸，但字里行间可以看出对作者的埋怨情绪。

第四层是设在第十二，十三自然段。写作者对小姑娘的怀念。

当夜，我就离开了山村。"再也没听见那小姑娘和她母亲的消息。"

每逢春节，我就想起那盏小桔灯。十二年过去了，那小姑娘的妈妈一定好了吧？他爸爸也一定早回家了，因为现在我们大家都好了。

"我"与小姑娘的相处只是一个下午，按理是易忘却的，而事实上以后是"每逢春节"我就想起那盏小桔灯。它的内在语应该是小姑娘给“我”的印象是很深刻的。文章最后用小姑娘和“我”告别时说过的话结尾。它的内含应该是更表现了我对小姑娘一家深沉的思念和诚挚的祝愿。以及我本人对新社会的热爱。

二、“内在语”文稿练习

1. 句段练习

女顾客：以前我在这里照得挺漂亮嘛，怎么现在我照得这么难看？

摄影师：对不起，太太，以前您来照相时，我比现在年轻 10 岁。现在照得不好看，是因为我——有点老了。

提示 摄影师陈述的意思是，女顾客照得不好看不能怪他技术不好，但又不能直接说明顾客老了，所以既委婉地否定了自己技术不行的观点，又含蓄地说明原因，回答十分得体。

在一个晚会上，作家正在专心地考虑问题，坐在旁边的一位富翁不禁感到好奇，就问道，“先生，我愿出一块钱，来打听您在想什么？”

作家答道：“我想的东西不值一块钱。”

富翁更加好奇了，“那么您究竟在想什么呢？”

作家看着这位富翁，反问，“您真想知道吗？”

富翁迫不及待地说：“太想知道了。”

作家幽默地回答：“我在想着您呐！”

提示 作家通过对话巧妙地戏弄了这位以为什么都可以用钱买的富翁，除了潜语之外，也可看出作家敏捷的逻辑思维能力，巧妙地把结论隐含起来。

一位外交官对身边的女友说：“你非常有魅力！”然而，姑娘并不相信他的话。外交官说：“为什么不相信我的话呢！”姑娘说：

“很简单，当外交官说‘很好’的时候，意思是‘还可以’；说‘还可以’时，意思是‘不怎么样’；嘴上如果真的说‘不怎么样’时，那他就不会是外交官了。”

“小姐，您说得完全正确。”外交官说，“这可能是我们职业特点，我们不能不这样，但你们女人却正相反。”小姐问：“这又是为什么呢？”

“很简单，当女人说‘不怎么样’时，意思其实是‘还可以’；嘴上如果真的说出‘太好了’时，她就不是女人了。”

提示 这是一段二人互相揭示对方话里有话的对话，大家可参考，会对我们有所启发。

一天，阿凡提去朋友家作客。那位朋友是个爱好音乐的人，他拿出了各种乐器，一件一件地演奏给阿凡提欣赏。

一直过了中午，阿凡提肚子早就饿了，那位朋友还在没完没了地拨弄乐器，并问道："阿凡提，世界上什么声音最好听？是都塔尔还是热瓦甫呢？"

阿凡提回答说："朋友，这会儿，世界上什么声音都比不上饭勺刮着锅的声音好听啊！"

提示 阿凡提的言语形式是委婉、幽默。他的内在语应该是："我肚子都快饿扁了；你还没完没了地摆弄乐器干什么？""我现在想吃饭"。

2. 电影《归心似箭》台词节选

魏德胜："咳，要不是你，我早就喂了黑瞎子了！这可是没法报答的恩情！"

玉贞："嗳哟，我可就等着听这句话呢。你这人的嘴还怪甜的呢！"她指着水桶："那你就一天给我挑两趟水罢！"

魏德胜："那，容易，我就一天给你挑两趟……"

玉贞："挑到我儿子娶媳妇，挑到我闺女出门子！给我挑一辈子！"

魏德胜："挑一辈子？"他并不加思索。一抬头，接触到玉贞热情、温柔、羞涩的目光，震动、愕然。

玉贞："挑一辈子！"

提示 在影片中，"抗联"战士魏德胜在齐大爷家里养好伤之后和精心照顾他的玉贞到泉边挑水时说的话。这段对话，看似玉贞对魏德胜提出了"严厉"的条件，"无情"的要求，而实际上我们可以看出一位普通的妇女真挚、深沉的感情，并决心把自己交给这位"抗联"战士。内在语的挖掘中充分体现了玉贞对魏德胜的爱慕，决心终身相依，永不分离的情感。

3.《纪念刘和珍君》（节选）

鲁　迅

始终微笑的和蔼的刘和珍君确是死掉了，这是真的，有她自己的尸骸为证；沉勇而友爱的杨德群君也死掉了，有她自己的尸骸为证；只有一样沉勇而友爱的张静淑君还在医院里呻吟。当三个女子从容地辗转于文明人所发明的枪弹的攒射中的时候，这是怎样的一个惊心动魄的伟大啊！中国军人的屠戮妇婴的伟绩，八国联军的惩罚学生的武功，不幸全被这几缕血痕抹杀了。

但是中外的杀人者却居然昂起头来，不知道个个脸上有着血污……

提示 当找到一连串含有内在语的词汇后，可以感到作者既辛辣地嘲讽了卖国政府的滔天罪行，表明了自己的愤怒，又深沉地表达了对刘和珍等烈士诚挚的爱。

4.《“友邦惊诧”论》(节选)

鲁　迅

好个“友邦人士”！日本帝国主义的兵队强占了辽吉，炮轰机关，他们不惊诧；阻断铁路，追炸客车，捕楚官吏，枪毙人民，他们不惊诧。中国国民党统治下的连年内战，空前水灾，卖儿救穷，砍头示众，秘密杀戮，电刑逼供，他们也不惊诧。在学生的请愿中有一点纷扰，他们就惊诧了！

提示 正面说“好个‘友邦人士’”，内在意思实是谴责国民党反动的“友邦人士”帝国主义。

5. 晏子春秋

晏子使楚，以晏子短，楚人为小门于大门之侧而迎晏子。晏子不入，曰：“使狗国者，从狗门入，今臣使楚，不当从此门入!”傧者更道从大门入。见楚王，王曰：“齐无人耶?”晏子对曰：“齐之临淄三百闾，张袂成阴，挥汗成雨，比肩接踵而在，何为无人?”王曰：“然而，子何为使乎?”晏子对曰：“齐命使各有所主，其贤者使使贤主，不肖者使使不肖主；婴最不肖，故直使楚矣。”

提示 楚国人存心捉弄晏子，但他却不生气，他说：“使狗国者，从狗门入；今臣使楚，不当从此门入!”这句话表面上很尊重楚国，潜在的意思是在嘲讽楚国。楚国不是狗国，我到楚国当大使，怎么能从狗门入呢?你要我从狗门进去的话，那你楚国就是狗国了。楚国人没有办法，只好打开大门让他进去。见到楚王后，楚王也不尊重他，说“怎么派你这样的人当大使呢?难道齐国没人了?”晏子不慌不忙地先把齐国的繁荣景象人才济济的情况叙述一番后，接着把自己贬低为齐国的最下等人。“贤者使使贤主，不肖者使使不肖主”是齐国出使的原则。我是最不中用的人了，所以到了楚国，那你楚王是不是最没本事的君主呢？这一段看似贬抑自己实际是在贬低楚王。本想奚落晏子的楚人，反遭奚落。晏子的这种以守为攻的做法，有时比正面交锋还有力。

6. 萧伯纳的故事

英国著名戏剧作家萧伯纳访问苏联，一天早晨，他照例外出散步，一位可爱的小姑娘迎面而来，萧伯纳叟颜童心，竟同她玩了许久。临别时，他把头一扬，对小姑娘说："别忘了回去告诉你的妈妈，就说今天同你玩的可是世界上有名的萧伯纳！"，萧伯纳暗想：当小姑娘知道自己偶然间竟会遇到一位世界大文豪时，一定会惊喜万分。

"您就是萧伯纳伯伯？"，"怎么，难道我不像吗？""可是，您怎么会说自己有多么了不起呢？请您回去后也告诉您的妈妈，就说今天同您玩的是一位苏联小姑娘！"

萧伯纳惊呆了，他意识到刚才太自以为是了，态度也有傲慢，不禁一时语塞，脸上顿时泛起了一片红晕。回国后，萧伯纳逢人便深有感触地说："一个人无论取得了多大成就，都不应该自负、自夸，对任何人，不管男女老幼，都应该平等对待，要永远谦虚。这就是那位小姑娘给我的终身教育。她也是我的老师，我一辈子也忘不了她！”

提示 萧伯纳得出了“一个人无论取得了多大成就，都不应该自负、自夸，对任何人，不管男女老少，都应该平等对待，要永远谦虚！”的结论，这个结论是怎样提出的。通过生动的故事体现出心灵与智慧的美。

7. 挤车的诀窍

朋友，你可知道北京人乘车之难？上下班乘车都成了一门学问了。

先说上车，车进站，上策为“抢位”这好比足球场上的抢点射门。精确计算位置，呆在什么地儿。此时，车门正好停在眼前，不管什么我先收据要津之利。当然得费点劲儿顶住！诀窍是什么知道吗？上身倾向来车方向，稳住下身，千万莫被随车涌来的人流冲走。上了车踏实了，说不定还有个座儿。中策为贴边儿。外行才正对车门，弄得左右拥来晃去，上不了车，枉费心力，瞎着急！北京人不同于外地人，哈尔滨人上车是“能者为王”，上海人多少顾及脸面，但动辄大呼小叫，使你无心恋战。北京人又想讲点风格又想早点上班，那当然不能在车门前上车。最好的办法是贴住车厢，装出一付泰然自若的样子，一点一点把“无根基”者拱开。只要一抓住车门，你赢了。北京人都精于此道，所以售票员擦车，从来不擦车门两边，那全是北京人的功劳，默默地在做奉献。下策呢？可称吊挂，将足尖嵌入车门，注意，千万别伸进脑袋，然后紧靠车门，往里“固拥”，只要司机关不上车门儿，他就得让你上车，不着急，有全车人陪着呢。

提示 该文从本意上看是说北京人上公共汽车的“战略战术”，但潜台词是什么？当然是暗讽不讲文明礼貌的人，窥测他们内心活动，由于这些肯定语气是荒唐的，所以也才让受众感到很尖锐。

8. 一头学问渊博的猪

一头绝顶聪明的猪，住在一个非常出名的图书馆的院子里。它深信自己由于多年图书馆的生活，已经成了渊博的学者。

有一天，一只八哥来访问。这头猪立即按照惯例，对客人进行自我介绍。

“朋友，相信我吧！”它说，“我在这个图书馆里待的时候很长了，我对这儿的沟渠、粪坑、垃圾堆，都有着深刻的了解，甚至屋后山坡上的墓穴，都叫我拱翻了好几个。谁要是想在这个图书馆里得到知识而不找我，那他算是白跑一趟。”

八哥说：“你所说的都是图书馆外面的事，那里面的东西也了解吗？”

“里面？那我最清楚不过了，无非是一些简单的木架子，上面堆满了各色各样的书。”

“你对那些书也了解吗？”八哥问。

“怎么不了解呢？那是最没意思的了，它们既没有什么香气，也没有什么臭气，我咀嚼过好几本也谈不上有什么味道，干巴巴的，连点儿水份也没有。”

“可是那些人们老在里面待着，据说他们在里面探求知识的宝藏呢！”八哥又说。

“人们？你说他们干什么？他们确实是那样想的，想在书里、想在书里找点什么东西。我常常看到许多人把那些书翻来翻去。结果什么也没有得到，还是把书扔在架子上又走了。我保险他们在里面连糠渣菜叶都没得到一点，还谈什么宝藏！我从不做那种蠢事，与其花时间去啃书本，还不如到垃圾堆翻几个烂萝卜啃啃。”

“算了吧！我的学者。”八哥说：“一个从垃圾堆里啃烂萝卜的嘴巴，来谈论书本上的事，是不大相宜的，还是去啃你的烂萝卜吧！”

提示 从题目上看，大家就知道“渊博”二字是一个反义的重音，含有与书面语言表面不一样的意见。阅读完全篇后，请想一想它潜在的含意。

9. 求婚

和他相恋已两年有余，彼此脾气相投，二人世界也很精彩，凡是认识我们的人都说我们是很相配的一对，就差登记结婚了。我也只等着他向我求婚，嫁给他完事儿。

可不知哪儿出了毛病，他一直不提结婚的事，弄得我心里暗暗着急。这个傻小子，总不能让我一个女孩子主动开口吧，那多没面子啊！怎么着也得让我假装矜持一回嘛！哎，没辙了，暗示暗示吧！

“那位同志，你觉没觉得衣服脏了有人给洗，饿了有人给做好吃的，寂寞了有人陪着说说话儿是一大快事啊！”“当然了！你也这么想？幸亏咱俩都有个好老妈。”什么？真可气！

“哎，昨天我碰上小静了，她说她年底结婚。真逗，她和她男朋友比咱俩认识的还晚呢，够速度的。”“你们是最好的朋友，你应该替她高兴啊！”“那是，她还请我当伴娘呢！”（后一句话想说：大家都说下一回就该轮到伴娘结婚了。）“太棒了，不过你可千万别看上伴郎啊。”哎，木头脑袋不开窍。就这样暗示了几次，没用。真有点灰心。

没过多久，有一天我在家休息，他来看我。听到敲门声，我迫不及待地打开门，首先看见的是一捧粉红色的玫瑰。我好像感觉到了什么，心跳“咚咚咚”地加速。多么浪漫的开始，和电影、小说里一模一样。我接过花，温柔地看着他，等着他说下一句……

“愣着干嘛，快把花插起来呀！花店的小姐真厉害，我刚说看看，就‘逼’着我买下来了，还买了一包花肥。花瓶呢？”什么什么什么？原来不是……真可恶！我恶狠狠地说“卖花的要是个先生，你肯定就不买了吧?!”气死我了，害我自作多情半天。哼，不管怎么说，早晚有一天，他得向我求婚。到时候一定得报复报复，让他好看！先不同意，抻抻他，让他尝尝失望的滋味。

机会终于来了。

那是一个周末。我们出去玩了一上午，中午决定买点快餐，带到附近花园去吃。因为是周末，人非常多，排了半天队才买到。我们一路跑着到了花园，再等找到适合吃饭的地方，已经饿得前心贴后心了。我一边嚷着“饿死了、饿死了”，一边急急忙忙地撕开纸包，拿起一根薯条，蘸上点土豆泥，塞进他的嘴里。忽然，他放下手里的吃的，若有所思的看着我：“我想，也只有你，才会在自己饿得受不了的时候，却先把吃的放进我嘴里。这一辈子要是娶了你，我也心满意足了。亲爱的，咱们结婚吧！”

怎么回事，我怎么觉得不饿了？哎，怎么脑子一片空白呀？怎么……怎么这么想流泪？怎么眼泪止不住了？旁边的他一下子慌了神，赶快坐过来搂着我的肩膀说：“别哭，别哭，你要是不想嫁给我，咱们就以后再说，我等着你，好不好？”我依偎在他怀里，抽抽嗒嗒地说：“你……你怎么……到现在才求婚啊！”事到临头，我把什么报复他呀、假装不同意呀全忘了。

就这样，我终于嫁给了他。

马昕

提示 作者的假装矜持，很容易让我们找到她真正的弦外之音。

10．“家法”续编

舒 黔

最早领教“家法”的厉害，是在戏台上：“家法伺候”，主子一声令下，恶奴乱棍齐下，遂见被伺候的那位，作魂飞魄散状，作气息奄奄状，作一命呜呼状……

“家法”入戏，道具不外乎藤条、板子；“家法”入辞典，则集于“封建家长”一身，一曰“封建家长统治本家或本族人的一套法度”；二曰“封建家长责打家人的用具”。有年头了。

在大讲“依法治国”的今天，这些陈芝麻烂谷子，居然还能发“新芽”，续“新编”，今夕何夕，能不叫人生疑？

“续编”之一：陕西咸阳工商女干部尚美英，因查处商标问题和企业发生龃龉，以个人名义写了151封举报信，然后“通牒”被举报的企业：一万元一封信，想摆平这事，就乖乖掏钱。企业说她敲诈，她傲然作答：你说是敲诈就是敲诈。

“续编”之二：山东招远市北截金矿派出所副所长考光明，乘车途中对不肯让道的农民随意开枪，造成一人重伤，一人轻伤。考光明涉嫌犯罪被关进了看守所，北截金矿却封他为“英雄”，表彰他“捍卫正义，不畏邪恶，为维护企业利益敢冲敢上，重奖10万元。

“续编”之三：云南昆明流氓恶少孙小果，仗着父母在公安机关有一官半职，自己也披上警服，作“法外之民”，犯罪判刑，无须坐牢；且变本加厉欺压百姓，蹂躏民女，横行霸道，为所欲为。

瞅这几位作派，显见平日按“家法”行事惯了，只知有“家”，不知有“国”，浑不识“党纪国法”为何物；谁冒犯他，就是犯“天条”，就不得安生和好死……

有人也许会说，把孙小果与尚美英、考光明放一块，未免“抬举”了他。恶少作恶，仗的是穿警服的爹妈；爹妈心里咋想不管，嘴上还得检讨“教子无方”。人家尚美英是谁？堂堂广告商标所副所长。考光明又是谁？堂堂公安派出所副所长。所以，尚的同僚联名为她叫屈，说是“把公务行为作犯罪处理，将影响工商管理与执法”。考的上司更对考赏识有加，隆重给予“英雄”的礼遇。

三出“续编”的主角，“档次”诚然不一。孙小果专吃“衙内”饭，虽有爹妈“呵护”，并无“公务”在身，滥施“家法”终究少了一块挡箭牌。另两位就得另说了。据报道，北截金矿把重奖考光明上升到了“维护企业发展，净化社会空气，促使整个社会都有正义感”的高度；至于尚美英是公务行为还是敲诈行为，当地政法部门尚无结论。

显然，在一些人心目中，“职务行为”一沾着部门利益，就非但扯不上罪与非罪，且不仅无过，反而有功。

部门利益至上，加地方保护主义，再加上特权思想，这就是“家法”幽灵不散、“续编”屡演不衰的奥秘。找到了病根，药方应不难开出，就看有没有“刮骨疗毒”的勇气了。

提示 大家看了后，知道作者对“家法”续编的态度，找到了病根，药方应不难开出，就看有没有刮骨疗毒的勇气了。而结论之前叙述“续编三条”中，我们会从字里行间挖掘到作者的“言外之意”，关键是运用好反义性重音。

11. 补旧

来到吴家花园，起初组织上还要给彭总派护士、公务员，他不要。他说：“我没有病，要什么护士，现在是个闲人了，还要人家来打扫卫生、料理生活，那真是岂有此理！”

从此，一切生活上的事，如扫地、洗衣服、补衣服，都是彭总自己动手，他的夫人浦安修同志那时在北师大作领导工作，只有星期日才回来。

冬天来到的时候，彭总找出了他的旧棉衣在屋檐下补着，一边晒太阳。我看他干得十分吃力，对他说：“眼花手笨的，还是我来吧。”他说：“你呀，未必有我这两下子。”

我接过来一看，针脚整齐，横是横，竖是竖的，补的就是不错。彭总从老花镜上边看着我，有些得意地说：“多多评头论足吧。”就在这次，他给我谈了他的身世，他童年丧母，家里很穷，他不但要给人家当苦工，还要照管两个弟弟。那时候，什么活没干过，什么苦没吃过？”彭总感触很深地说：“今天，住在这个圆明园，皇帝老子住过的地方啊！”

他的这身棉衣，是在抗美援朝期间，有次回国来，为了外出方便买来穿上“打掩护的”，质料很一般，外头连罩衫也没有。就是这身棉衣，伴着他在吴家花园度过了六七个寒冬。后来又穿着它到西南，直到他被林彪、江青派来的一伙人揪上北京，我们最后分别时，他穿的还是这身黑蓝颜色，上头闪着一层油光的土布棉衣。

记不得是哪个冬天了，也是一个风和日丽的日子，彭总在院子里补衣服，我带着家里的人照相玩，走过他的面前，故意逗趣地说：“这位老大爷，照张相吧？”我们都以为他不会干的，还会说：“我这个人长得丑”之类的话，谁知这一回他抬起头来，笑呵呵地坐正了，说：“照吧！”

笑声中，我给他拍了一张“老人补旧”的照片。

这张照片的主人已经不在人间了，照片本身

也在一场浩劫中化成了灰烬，但是当时的情景，却永远留在我和妻子的心里。

提示 这是一篇回忆彭德怀元帅的故事，他是党和国家卓越的领导人，同时他也是一个普通的人，尤其是他离开了工作岗位之后，更应该这样看待。对内在语的挖掘和开拓，重点应放在彭总的话语上。如：

他说："我没有病，要什么护士，现在是个闲人了，还要人家来打扫卫生、料理生活，那真是岂有此理！"

"眼花手笨的还是我来吧！"他说："你呀！未必有我这两下子。"

彭总感触很深地说："今天，住在这个圆明园，皇帝老子住过的地方啊！"

以上这些句子的内在语，大家可结合背景，仔细去推敲，当然文章中的一些叙述，也都有"同向"、"异向"的存在，希望大家在练习时找准确，播出它的内含来。

第七章 对象感

理论提示 受众是信息传播的终点，如何让受众接受，又如何让受众感觉到“你在对他说”。目前除了邀请受众到播音室里作节目，以及热线电话外，大部分情况都处在播音员、主持人在说，而受众不说话，或他说话，你处于听不到的状态中。这种情况容易产生“空对空”的感觉、“念稿”的感觉、“自己播，自己欣赏”的感觉，使广播、电视达不到应有的效果。因此，播音员、主持人无论在传播信息，或讲述一个道理时，都应该有受众在你眼前存在，甚至你讲的每一件事，每一个观点时，他的反映，你都了如指掌，和他处在“模拟交谈”的样式之中，这样产生的效果应该说是好的。

受众是我们的传播对象。播音员在播音中，必须在“目中无人”的条件下，努力做到“心中有人”，也就是要对受众进行具体设想，从感觉上把握受众的存在，时时与受众有思想感情的交流、呼应，这就是对象感。

对象感是怎样产生的呢？

第一，在分析理解稿件的基础上，具体设想对象。一方面在什么环境、气氛中，什么对象在收听，收视。包括他们的愿望、要求、情趣，心情。这是主要的。另一方，对象的年龄、性别、职业、人数等。这些共同构成了具体对象的特点。

第二，设想对象必须是你所熟悉的，同时又符合稿件要求的。要设想他们在收听、收看内容过程中的反应、心态。

第三，一般在一次节目中具体对象是固定的收听、收视群体，有时也有不同的对象变化，产生对象的转化。

第四，播讲过程中，对象可时隐时现，不一定极为清晰，但应下意识地感觉到他们的存在。与收听、收视对象应该是平等的朋友关系的感觉。

一、示例《知识漫谈》及分析

中央人民广播电台，各位听众，你们好：现在是知识漫谈节目，这次节目一共有四个话题，先讲讲生漆和它的用途，然后介绍肉肥味美的鳗鱼，接着谈一种好吃又好看的豇豆。最后我们要回答听众的来信，介绍被毒蛇咬伤以后应当怎么办。

各位听众：

生漆是一种天然漆，也叫“土漆”、“国漆”，它是漆树内一种特有的新陈代谢的分泌物，乳白色的粘稠树脂。生漆的主要成分是漆酚，不溶于水，而溶于乙醇、丙酮、二甲苯等有机溶剂，它的含量越高，生漆的干燥性能越好。漆酶能促进漆酚中的酚类氧化，从而加速生漆结膜的干燥过程，增加生漆与物面的附着力。

早在尧舜时期，我国就已栽植和收割生漆，并掌握了生漆的熬炼和涂饰技术。

到了夏禹时期，生漆不仅用在食器上，而且开始出现在至高无上的神具上。生漆西周时期得到了更进一步的应用。上至大臣，下至诸侯，他们乘坐的车辆都涂上了各种颜色的生漆，以显示自己的高贵和尊严。

春秋战国时，各国诸侯纷纷扩大栽植漆林，并有专人从事生漆工艺技术的研究。随着古代科技水平的不断提高，生漆从原来用于庙宇宫殿、楼阁的栋梁、廊柱，到匾额、棺材、车船的涂刷，发展到用于家具和手工艺品，这时生漆的声誉已与丝绸并驾齐驱了。到了公元8世纪，生漆从沿海传入日本和东南亚，可以说是开辟了一条“生漆之路”。至今国际上还把生漆叫做“中国漆”呢。

生漆具有耐水、耐酸碱、耐光、耐油、耐潮、耐化学腐蚀、绝缘、漆膜附着力强、光亮等特性。尤其它可以在150℃的环境下长期使用。一旦被更高的温度灼伤，也能在几个月后复原如新。因而，生漆获得了“涂料之王”的美誉。

目前，生漆的应用范围更加广泛，它已成为军工、化工、纺织、石油、矿山、造船、轻工、农业、艺术美术等行业不可缺少的原料。

下面我们介绍肉肥、味美的鳗鱼。

鳗鱼，也叫鳗鲡、河鳗、白鳗、蛇鱼等，属于回游性鱼类。每年春季，幼鳗成群从海域游入江、河口，雄鳗在河口成长，雌鳗和幼鳗逆水上游到江、河的干流和与河流相通的湖泊中，在江河和湖泊中肥育。到了秋季，成熟的鳗鱼又大批游到河口，会同雄鳗鱼一起游到海洋里繁殖。

鳗鱼肉肥、味美、营养丰富，被人们称之为“水中人参”；鳗鱼出口价值高，又被称为“水中黄金”。

我国的人工养鳗业是在70年代初期发展起来的。目前，养鳗较早的浙江、福建、广东等省，亩产已经达到500公斤左右，最高单产已达到1100多公斤。

鳗鱼是肉食性鱼类。自然水域里的鳗鱼主要吃食浮游甲壳类、小虾、小蟹、水生昆虫、螺、蚬、蚯蚓等，也吃小鱼和高等植物碎屑。在人工饲养条件下，主要投喂各种动物性饲料，比如禽畜内脏、蚕蛹、螺贝肉、混合饲料等。鳗鱼生长的适宜温度是 20—30℃，高于或低于这个水温就停止生长或进行冬眠，目前饲养的鳗鱼苗，都是天然鱼苗，从鱼苗养成商品鳗一般需要 2 至 3 年时间。可以用普通鱼种池饲养幼鳗，保持水深 30—60 厘米，每亩放鳗苗 6—7 万尾。搭养鲢、鳙鱼 14—15 尾，水温到 15℃时开始投饵。成鳗饲养池要比幼鳗池大 2—3 倍，水深 1—1.6 米，每亩放 5—7 克的幼鳗 3000 尾左右，搭养 200—300 尾草、鲤鱼，也可搭养 20—50 尾鲢、鳙鱼，但不能混养数量过多的杂食性鱼类，如鲤鱼、鲻鱼、鲮鱼等，因为这些鱼类多了会与鳗鲡争食。

听众朋友，豇豆是大家喜欢吃的一种蔬菜。但种植豇豆要用棚架，种起来很麻烦，最近，我听说上海市宝山区扬行镇科技实验场种植了一种用不着搭棚架的豇豆，它既可食用，又可观赏，于是欣然前往采访。

在长势嫩绿的一片豇豆地里，确实看不到普通豇豆田里用竹竿搭的一只只棚架。只见每棵离地 60—70 公分高的豇豆苗长势旺盛，开满了一朵朵白色的小花，一根根粗壮嫩绿的豇豆挂满枝头。场长小徐喜孜孜地告诉我：这种豇豆名叫无蔓免架豇豆，是两年前从美国引进的。

无蔓免架豇豆性能稳定，引种两年未出现退化现象。它结荚壁厚实、肉质清香、脆嫩、略带甜味。所以上市销售十分抢手，深受市民欢迎。它具有抗病力强、省工省本、管理方便等优点，特别是对夏秋季节台风较多的市郊农村，以及江、浙、闽等地来说，确是一个适宜栽种的蔬菜好品种。今年 7 月中旬以来，江浙等地的一些蔬菜行家，纷纷来到实地种植的无蔓免架豇豆地，并随手采摘了鲜嫩的豆荚品尝。当场拍板要求引种。

据介绍，这种豇豆生育期短，可高密度、多季种植，每年 3 月—8 月均可播种。50 多天即可采摘，一茬可连收 3 次。更为有趣的是它还适宜盆栽。既可食用，又可观赏。一只直径 30 厘米的花盆能栽四棵，叶子像小荷叶，开粉白色的花朵。远看宛如一盆吊兰。无蔓免架豇豆以它特有的长处，受到了人们的青睐。成为扬行镇的“乡村一宝”。

湖北围场县燕上村听众郝凤芹来信说，农民到田里干活或上山采集山产品，常常被毒蛇咬伤，不仅花去许多医药费，还影响生产，希望介绍一些治疗毒蛇咬伤的知识。

下面我们来回答这个问题　被蛇咬伤后，首

先应辨别是毒蛇咬伤还是无毒蛇咬伤，最可靠的依据是牙痕。无毒蛇咬的伤口，为一排细牙痕；毒蛇咬的伤口，仅有一对（有时为一个或三四个）较大而深的牙痕。蛇毒正是通过这大而深的牙痕进入人体的。

毒蛇咬伤的治疗，关键在于早期急救。因此，一经确定系毒蛇咬伤，必须立即采取急救措施。

一、绑扎伤肢。在毒蛇咬伤的肢体近侧5到10厘米处用布条、手帕等物绑扎，阻止静脉血液和淋巴液循环，防止蛇毒扩散。绑扎后，每隔二三十分钟松开绑扎物一二分钟，避免肢体缺血坏死。

二、伤口排毒。绑扎伤肢后，即用泉水、自来水，有条件的用肥皂水或1:5000高锰酸钾溶液反复冲洗伤口，并用尖刀挑破伤口，或以牙痕为中心十字形切开不宜太深，随即用力挤压伤口，使毒液排出。如果伤口里毒液仍排出不畅，可用口吸或拔火罐等方法促进排毒。但是，用口吸吮时，应边吸边吐，每吸吮一次都要用清水漱口，若口内有破损者切不可用口吸吮，以免中毒。

三、伤肢制动。伤口经排毒处理后，应制动并保持低垂位，以减少毒素扩散。解救后病人还应立即送往医院治疗。

四、药物治疗。目前治疗毒蛇咬伤的药物很多，但不要以为有了解药就以为万事大吉。被毒蛇咬伤的病人，必须及时到医院治疗。以期早日痊愈。

刚才介绍的是被毒蛇咬伤之后应该怎么办。今天的知识漫谈节目就播送到这里，明天这个时间再会。

示例分析

从题目上就可以知道，它是向听众讲述一些知识。包括生漆、鳗鱼、豇豆以及被毒蛇咬伤后怎么办，这样四个部分。结构清晰，条理清楚，语言也口语化。由于讲知识，可以说它的重点散落在全篇，可在每条知识的细微末节部分，向听众讲解清楚。

由于讲生漆、鳗鱼、豇豆等知识，以及被毒蛇咬伤以后怎么办，讲办法。因而可以推断它的服务对象应是农民。大体在二三十岁左右。对获得知识有一种渴求心理，毕竟他们的知识积累都非常少。要设想他们在回家休息时，一两个人在听你的介绍，从无意中到认真听。这样，也会调动我们的播讲愿望，使我们处于一种积极的交流状态中去，呈现出细腻清新、娓娓道来的基调中去。

稿件篇目较长，也可由男、女声对播，四个部分衔接时，可动笔改一改，使它过渡更加自然，更加口语。

二、"对象感"文稿练习

1. 影响人际交往的三因素

甲：这些年，心理学越来越受到人们的重视。确实，心理学已经深入到社会生活的各个角落，就拿人际交往来说吧，同样包含了社会心理学的因素。人们渴望交际，乐于交际。可是我也常常听一些人抱怨，交不好朋友。有的人苦恼单位里人际关系不好，还有的人因为不会交际而发愁。一些听众朋友给我们来信，询问这是什么原因？噢，影响人际交往的原因是很多的，今天呢，我们想只是从社会心理学的角度，跟您说一说影响人际交往的三个因素。

乙：影响人际交往的，首先是"晕轮效应"。晕是头晕的晕，轮是车轮的轮。噢，这个词有些生僻。实际上啊，就是说认识别人的时候，只是根据单一的或者个别品质的特征，产生总的印象，作出全面的评价。也就是一点好就是一切好，一处坏就是全部坏。例如别人偶然说错一句话，就推论他没有知识，缺乏修养；某人的相貌漂亮，就认为他聪明好学，为人友善。这种知觉看来是滑稽可笑的，但是它确实无意识地左右着人们的交际行为。比方说看到一个衣着整齐的人和一个衣着破旧的人，人们表现的态度和行为就不会完全一样。对衣服整齐的可能热情礼貌，对衣服破旧的就可能冷淡随便。这样，很容易构成人际偏见，干扰人际关系和人际交往的正常发展。

甲：影响人际交往的另一个因素是社会刻板印象。它指的是人们对社会上一类人和事物的一种固定的看法，也就是我们常说的“成见”。比方说，男青年总认为女研究生“只讲事业，不要生活”。看电影电视，相貌堂堂的就是正面人物，反面人物个个猥琐。个体户见钱眼开，外国人都很富有……等等，这些全是社会刻板印象的体现。其实，这种印象往往是错误的。女研究生穿戴漂亮、会做家务的很多。形象丑陋的卡西莫多照样是正面人物；个体户有不爱财的；外国人也并不都是资本家。要是都抱着成见去看人，那怎么行呢？所以“成见”也是影响人际交往的一种心理因素。

乙：再一个因素是第一印象的作用，两个陌生人第一次见面所形成的印象叫做第一印象。第一印象好，交往就加深，印象不好，交往自然要受到影响。在第一印象里，由于以前没见过，所以仪表占重要地位。仪表就是指人的长相、穿着、体态和风度等外在因素，它们都不同程度地影响着人际交往。所以，在第一次见面的时候，注意不要以貌取人，对自己要注意修饰，不要给人留下不好的印象。

甲：渴望交朋友的或者正在交际的听众朋友，请您注意我们说的这三个影响人际关系的心理因素。我们希望您交上更多、更好的朋友。

播音提示　收听对象可设想为青年学生。由于是对话形式，两个人交流起来，面对面，容易获得“对象感”，但还要注意随时与听众相呼应。

2.《为您服务》节目——啤酒

现在已经进入盛夏，许多观众朋友们很想知道有关啤酒的一些知识。比如：啤酒怎样分类？为什么会有生、熟啤酒？啤酒为什么会有苦味？啤酒的泡沫是怎样形成的？以及怎样饮用，怎样保管等问题。

下面就请看这段对话：

甲：朋友，在炎热酷暑的盛夏，你一定想喝

点啤酒吧。

乙：是呀！啤酒以它特有的清爽口味，洁白细腻、挂杯持久的泡沫以及它那“液体面包”的美名，吸引着人们。

甲：啤酒是以大麦芽为主要原料，以酒花为香料，经过糖化发酵而成的一种低度酒。

乙：“爽口的苦味”是啤酒的一种特色。

甲：这种苦味是作为香料的酒花所赋予的，啤酒自成一格，靠的是它。

乙：那神奇的泡沫是由啤酒里的蛋白质和酒花组成，它们借助酒里的二氧化碳气体上升到表面，啤酒之所以能够去暑消热，促进食欲，靠的就是它。

甲：啤酒贵就贵在这些泡沫上，美也就美在这些泡沫上。

乙：这些细腻的泡沫就像朵朵微小的花蕾，在菊黄透明的酒液里开放着，散发着阵阵醇香；杯底处一串串汽泡冉冉上升，经久不断，它增添了啤酒的色彩。所以泡沫又素有啤酒之花的美名。

甲：啤酒是一种营养丰富的饮料。它含有11种维生素、17种氨基酸，它发热量大，啤酒中的绝大部分营养成分都是以液体状态存在于酒液之中的，很容易被人体吸收。1972年，在第九届世界营养食品会议上，啤酒被定为营养食品。

乙：怎么样，啤酒被称为液体面包，该是当之无愧了吧!

甲：啤酒的种类繁多。有上面发酵啤酒和下面发酵啤酒。下面发酵啤酒，它的酵母存在底部，这种啤酒具有用料少，苦味小，香气细腻等特点。

乙：根据色泽可以分为浅色啤酒和黑色啤酒。浅色啤酒的特点是：口味清爽，酒花香味突出，我国生产的大多是浅色啤酒；黑色啤酒的特点是：麦芽香味突出，苦味重一些。黑色啤酒的氨基酸含量高一些。

甲：还有根据生产方法分的啤酒，也就是大家常常说的熟啤酒、生啤酒（也叫鲜啤酒)。

乙：生（鲜）啤酒，商标上标有明显的字样，不标的，自然就是熟啤酒了。熟啤酒是啤酒加盖以后经过加热处理，杀死了啤酒中的酵母菌。其实酵母菌并没有毒，这样做只是为了使啤酒装瓶或装罐以后可以长期贮存或远销。熟啤酒保存期长，可达半年左右。

甲：而生（鲜）啤酒带有鲜酵母，有人错认为生（鲜）啤酒是生的不能喝。其实不然，如果生（鲜）啤酒保存得当的话，它的味道是很鲜美的。生（鲜）啤酒保存期短，不管散装还是瓶装，一般只有3—7天，适宜散装现卖。如果存放时间过长、温度过高，产生了白色沉淀，或出现混浊状态的话，就不能再饮用了。

乙：您要想品尝到啤酒特有的风味，还要注意几点。

甲：第一，啤酒的饮用温度十分重要，在0—15度的温度下饮用能给人一种舒适清凉的感觉。太高的饮用温度容易使啤酒里的二氧化碳含量不足，缺乏应有的爽口感，而口味就会显得苦重而平淡。

乙：第二，喝啤酒的时候，最好不要用塑料器皿，尽量用玻璃大杯，要大口喝，这样啤酒的温度就不会随室内温度急剧上升。

甲：第三，油会破坏啤酒的泡沫，盛酒的容器要光洁干净。

乙：第四，瓶装啤酒打开盖或者鲜啤酒装入器皿以后，就不能再存放了。

甲：第五，啤酒不宜久存，越新鲜越好，不喝的啤酒应该放在5—15℃的环境里保存。

乙：这些都是保持啤酒的泡沫和风味的诀窍。有人总是品尝不到啤酒的特有风味，不妨从以上几个方面找找原因。

甲：朋友，在烈日炎炎的盛夏，多饮些啤酒

吧！那清雅浓郁的酒花、香味，会使你感到神清气爽！

乙：同朋友开怀畅饮啤酒吧，它可以让友谊在使人愉快的气氛中自然地交流。

播音提示　本文应在亲切、轻松的基调上进行。在有声语言表达过程中，注意甲乙对话的目的是为了受众听清楚，应有意识地使你思维外缘的受众听明白。

3. 您想让自己的孩子长得高一点吗？

各位听众：

当父母的都想让自己的孩子的个子长得高一点，孩子能不能长得个儿高，有先天遗传的影响。但是，营养、锻炼、生活方式、工作条件、睡眠等环境因素的影响对身高也有密切的关系。

您如果想让子女长得高一点，暂且抛开先天遗传影响不谈，只从后天来说，我建议您从这么两方面着手做起：

首先，这头一个，要掌握儿童身材长高的规律。

决定一个人身高的关键时期是少儿时期和青春期。青少年的长高，主要受体内两种激素的调节控制。在少儿时期受的是生长激素的制约，在青春期主要是性激素起作用。孩子个子长高，一般先从脚和腿开始，小孩学会走路后，接着就是跑哇，跳啊，再大一点呢，就玩耍，做游戏……。全靠着一双脚和两条腿在那里支撑几十斤重的身体，脚和腿受力比躯干、上肢都大，锻炼的机会也多。所以，小孩长高首先从脚和腿开始。另外，根据科学家观察，小孩七岁以后，长身体有两个高峰阶段，第一个高峰阶段，男女都是在九岁前后，也就是上小学三、四年级的时候，第二个高峰阶段，女孩子在十二岁前后，男孩子在十三岁前后，大概就是小学毕业刚上初中的样子，用咱们经常的说法，就是眼瞧着长！

其次，这第二个方面就是当父母的要想办法尽量为子女长高创造有利的条件。尤其在刚才说的那两个高峰阶段，为子女长高创造条件就更显得重要。

创造什么条件呢？

第一，注意日常生活卫生，房间整洁，空气流畅，让孩子有充足的睡眠时间。如果孩子经常开夜车做功课，读书，睡眠时间得不到充分保证，对孩子的生长是没有好处的。

第二，养成良好的饮食习惯，不要饿一顿饱一顿的，想什么时候吃就吃，想吃多少就吃多少，要尽量让他们定时定量吃得好些。

第三，从小养成爱活动的习惯，要教育孩子干力所能及的家务活儿，鼓励孩子多参加一些体育活动，像跳皮筋、打球、踢球、游泳、长跑、滑冰等等都很好，这些体育活动是促进孩子身体长高的重要条件。千万不要老让孩子闷在屋里，成天趴在桌上读呀、写呀。

还有：第四，绝对不许孩子吸烟喝酒。

如果这样千方百计创造条件，持之以恒。即使是从遗传学上看属于矮小体型的孩子，也是可以长高一些的。

播音提示　这篇稿件的收听对象是已婚夫妇，注意亲切、自然、口语，时时设想他们的反应。在“创造什么条件”这部分应使速度慢下来，以使他们把注意事项记住。

4. 我们祖国的语言

小朋友，我现在说的话，用的是什么语言？对了，是汉语，是汉民族的语言，汉语的历史很长，在三千多年前，咱们中国就有了汉字，汉语产生在汉字以前，汉语让广大人民使用了这么多年，真是经过了千锤百炼，使它成了更丰富、更优美的语言。

汉语从来就是世界上最重要的一种语言。新

中国成立以后，我们国家在国际上的地位一天天提高了，汉语在世界上的地位也更高了。在国际上，有很多人都在学习汉语。国际上开大会的时候，汉语是被规定作为大会运用的五种语言当中的一种。

我们的汉语是十分丰富、十分优美的，就拿声音来说吧，苏联诗人吉洪诺夫说："只有用音乐才能传达汉语的声音。"意思是说汉语的声音好像音乐那样好听，这话很对，比如拿 ba 的音来说吧，可以念成"八、拔、把、爸"四个音，声音高低不同，这叫四声。有了四声，就好听了，像："今天的红领巾，明天的红旗手！"多好的一句话，要没有四声，念成"今—天—的—红—领—巾，明—天—的—红—旗—手！"（全念平声），小朋友，你们说，这样好吗？（略停）对了，不光不好听，还觉得挺别扭。

你们再听听这两句："英雄好汉"，"钻研苦干"，"山河美丽"，"资源满地"，多好听啊！你们爱读民歌吧！诗歌常常是押韵的，念起来又顺口又好记，比如："杨靖宇将军的故事"那篇课文里，提到当时游击队员爱唱的一支歌，那歌里有这样的词："……没有吃，没有穿，自有那敌人送上前，没有枪，没有炮，敌人给我们造！……"

小朋友，你们读过“送牛入社”这篇课文吗？那里面有一段关于大黄牛的描写，书里说：“在董村西街里，只要提起长波喂的那头大黄牛，人们都会翘起大拇指称赞说：‘那真是百里不挑一的好牛！’这头牛个儿大，膘肥，一迈步，大腿档里的肉膘子就多哩多嗦的。四条腿像木头柱子一样，淡黄色的毛油光光的发亮；一双黑眼睛滴溜溜的圆；两只不很长的犄角，微微向里弯着，虎头虎脑的，实在招人爱。”这段话总共不过一百二十多个字，可是对这条大黄牛描写得多具体多生动啊！说到大家称赞大黄牛，就说“大家翘起大拇指称赞：‘是百里不挑一的好牛’”。在一百个当中只能挑出一个那已经是了不起了，这头牛呢，连一百个里面也挑不出一个来。这么一说，就显得这牛确实好，再说得具体点儿，怎么好法？“个儿大，膘肥……四条腿像木头柱子一样。”小朋友，你们听，腿像柱子一样，那站在地上是稳稳的啰，这牛一定是又高又大，又粗壮。在这段描写中又说：这牛长得“虎头虎脑”的实在招人爱。可不是吗？牛长得老虎那么壮，干活一定很棒，这怎么能不招人喜欢呐？

汉语里的词多极了，丰富得很，差别不很大的意思，也可以用不同的词表示出来，你们好好推敲一下，挺有意思。比如用眼睛看，汉语里就能用不同的词来表示不同的看法，比如“二虎子”那篇课文写二虎子怎样在日本鬼子面前，用计策救出了区干部老王，里面写二虎子在日本鬼子面前，“瞪着一对黑溜溜的大眼睛”。“瞪”表现了二虎子对日本鬼子的恨，鬼子呢，他一边说话，一边用眼光“往男的一边溜，想看出谁是干部来”。“溜”是斜着眼睛看，写出了鬼子贼头贼眼的样子。后来一个小孩认定了他的爹妈，鬼子又“把他们打量了一番”，“打量”就是上上下下的看，就像要看出什么问题似的。“瞪眼睛”、“用眼光溜”、“打量”都是看，可是看法不同，所以用的字眼儿也不一样，用在这三个地方，就很恰当地表示了不同的意思。

小朋友们，我们祖国的语言是多么优美、丰富啊！小朋友，你在写作文的时候，能最生动、最细致、最恰当地运用祖国语言表达任何意思吗？

小朋友，要想掌握和运用我们祖国优美、丰富的语言，就要学好语文，学懂、学通，一点也不能含糊。

播音提示　我们设想的收听对象应该是五、六年级的学生。播讲时应该热心、诚挚。由于文字语言生动、形象，为有声语言提供了发挥的余地，应该自然，放得开一些，这样就会锦上添花。

5. 告诉你一个好消息

晨　星

喂，孟江吗？我是何涛啊。对！老同学，告诉你一个好消息。什么？真不骗你，绝对是好消息——不，你先猜猜看。

长工资？不对！我们厂都快半年没给弟兄们关饷了，还长哪门子工资！提科长？得了吧你，净拿老同学开涮不是？我们厂长见了我眼珠子都发蓝，连个组长也不会给我的！分房？更不对了，还是凑合着住我那间八平米的窝棚吧！世界上还有三分之二的受苦人，咱哪儿敢有那奢望！我说你再好好想想。什么？生小孩？别逗了，我爱人怀孕才仨月，要是现在就生了，那还不成了特大的新闻！

怎么，不猜啦？好，那我告诉你吧，我们厂破产啦！昨儿个上边来人宣布的，可热闹了。市里的头儿、总公司的头儿和公司的头儿都来啦。工商、税务、劳动局、民政局、债权人，还有报社、电台、电视台，方方面面，跟赶庙一样，正经来了不老少的人。怎么？你没看电视，也没听广播？头条新闻！不是有那么一句话吗：修庙的时候不热闹，拆庙的时候才热闹呢！不过也好，这倒成全了我们厂长，你别看他吃喝玩乐有一手，搞企业任吗儿不懂，就这副德性，还老想着出名哪！这回倒是真出名了，臭名远扬！

什么，你说这不是好消息？这你可就老外了。我说你那马列主义辩证法算是白学了。这才真是利国利民的好消息哪！你想啊，我们厂停产都快三年了，一直靠贷款养活着这一大帮子人，是国家的负担不是？再说了，机器停着，人员闲着，要搁资本家早跳楼了，还能等到这会儿！这不是明摆着嘛，拖一天就得多扔一沓儿人民币，企业要都像我们厂这样，国家还能有好儿吗？这一破产，首先是国家卸了包袱，你说对国家有利不？怎么个利民法？咳，我说你挺明白的一个人，是真糊涂还是装糊涂？你想啊，要是不破产，我们厂这一千多口子人还指不定要在这棵国营的大树上吊到什么时候呢！要说人才，有的是，可都到这份儿上了，厂里还死把着，一个不肯放，你说可恶不可恶！当然也有些人吃国家这碗饭惯了，不愿再冒风险，半死不活地啃那点死工资，也忍了。这一破产，好！全都急了，想什么招儿的都有，那才真叫一个“八仙过海”呢。像我们这些既年轻，又懂技术，早就想逃出樊笼的“伊佐拉”，如今成了“自由人”啦，说不定以后还真能“发”了呢！顶不济蹬个三轮卖菜去，也比在这儿半死不活地吊着强不是？要我说，破比不破强，早破比晚破强，趁着年轻，还能再干几年，你说我说的有道理不？喂喂，你等一会儿，有人来了……

喂，孟江，今儿就聊到这儿吧。是电话局来人了，人家是来厂里拆电话的。

播音提示　这是一位工人与他的朋友在打电话的情景。稿件让你设想主人公的年龄、性格特点以及对方的年龄、性格特点，以及对方的反应。因为对方的答话，没有写出来，因此“对话”有一定难度，同学可练习。但同学们也可把对方答的语言设计、想象出来，找一个对手，一块儿“打电话”。

6. 不称职的父亲

李文斯登·劳奈德

听着，儿子，当你躺下睡着了，小手托着嫩腮，微汗的额头粘着卷曲的金发，我要告诉你这些话。

我独自一个人悄悄地走进你的房间。就在几分钟之前，我坐在书房里阅读文件的时候，一阵难以抑制的后悔波浪淹没了我。带着不安有罪的心情，我来到你的床边。

儿子，我对你太横戾了。当你穿衣服上学的

时候，我责骂你，因为你没有洗脸，只是用毛巾随便擦一下；因为你没有把鞋子擦干净，我又叱责你；当你把东西随便扔在地板上时，又生气地呵斥你。

在吃早饭的时候，我又挑你的毛病：你把东西撒在桌子上。你吃东西狼吞虎咽；你把胳膊肘放在桌子上；你的面包涂了太厚的牛油。当你去玩，而我去赶火车的时候，你转过身来，摆着你的小手说："爸爸，再见！"而我却皱起眉来回答说："挺起胸来，两肩向后张！"

下午又是如此。我看到你跪在地上玩弹珠，裤子破了好几个洞，便押着你和我一同回家，使你在朋友面前丢脸。"裤子很贵的——如果你花钱去买，你就会小心了！"儿子，你想，这竟是做父亲的所说的话！

你还记不记得，我在书房里阅读文件时你走进来的样子？怯怯缩缩地，眼中带着委屈。我抬头看到你，非常地不耐烦，而你在门口犹豫着。"你要干嘛？"我大声责问。

你什么也没有说，只是很快地跑了过来，抱着我的脖子，亲了我一下，而你的小胳膀，带着神在你心中所给予的热情，紧紧地搂着我，而这种热情，即使没有受到注意，也不会枯萎。然后，你就走开，蹬蹬蹬地上楼去了。

儿子，就在你走后，我手中的文件掉了下去，陷入一种非常难过的恐惧之中。我不敢相信那种挑毛病和申斥你的习惯——竟是当你还是一个孩子的时候我给你的东西。这样做并不是因为我不爱你，而是因为我对你期望太高了。我是以我这种年龄的尺度来衡量你。

而在你的个性中，却有着太美好的和真实的特点。你小小的心，却大得如那拥盖群山的黎明。这一切都在你自动跑进来亲我和道晚安中表现出来了。儿子，今天晚上其他的一切都不重要了。我在黑暗中来到你的床边，跪在这里，带着惭愧。

这只是轻微的补偿。我知道当你醒来的时候，我如果把这些告诉你，你也不会懂的。但明天我要做一个真正的父亲！我要跟你做朋友，当你难过的时候，和你一同难过；当你欢笑的时候，和你一同欢笑。如果我再说讨厌的话，我就咬断我的舌头。我要严肃地再一次告诫自己："他还只是一个男孩——一个小男孩。"

我想我过去是把你看成一个大男人了。但现在我看着你，儿子，你疲倦地蜷缩在你的小床里，我看出你还是一个小婴儿。似乎昨天你还被搂在你母亲的怀里，小头依偎在她的肩上。我对你的要求真是太过分了，太过分了。

播音提示　虽然我们是学生，但我们能不能设想、体味一下做父亲的心态，这是一篇“独白”，在夜深人静的时候，对自己儿子说着话。疼爱、忏悔。父亲在谈话过程中，时刻在检点自己。文字语言惊人动魄，听听录音，我们的有声语言感受的怎样？感情运用的怎样？感觉像父亲吗？

7. 喝茶的情趣

吴建华

这里只说“喝茶”，不敢说“品茶”。古人对品茶是极讲究的，或于竹影窗前，或坐落花树下，慢慢品啜，且耳能听泉瀑之声，目能断飞鸿之影。坦诚地说，这种意境相当美，可惜在现代人的快节奏生活中，好像悄然消失了。

除了解渴外，喝茶也是很有情趣的。比如，有一天，能一个人静静地坐在书房，桌上放一杯冒着热气的茶，手捧一本爱读的书，喝一会儿茶，看一会儿书，想一会儿事，或浏览书橱里各色书名或凝视案头盆栽，一切很有品味，又很惬意。可以说，这一天实在可以算得上“佳节”了。

有一次到北方出差，友人约请到茶楼喝茶。记得茶楼名“雅斋”，进去后发现果然名不虚传，雅极了。花架上的兰蕙，壁上的水墨写意画，再加上斋中间的仿古桌椅，宛如历史的空间拉长了。店主是位大嫂，颇像“阿庆嫂”。她为我们端来了一套宜兴茶具。友人点了“龙井”、“铁观音”，便慢慢地喝起来。家事、国事一同在茶的清香气中随意倾诉。所有一切，都透露着用茶文化缔造的真善美。

古人言：品茶“一人得神，二人得趣，三人得味。”我以为，即使是大口大口地喝茶，也可谓有神有趣有味。逢友人生日，曾三人共喝一壶乌龙。三人边举杯边品诗论文，说古道今伴着古乐轻绕，也能进入“春江花月夜”或“雨打芭蕉”的意境之中。

有时，却也能从淡淡的茶水中得到些许感悟。静静地看茶叶在水中缓缓地舒展，不由得让人想起“春风取花去，酬我以清阴”。于是，无论窗外春夏与秋冬，只要有一杯热茶，便有盎然的生机。于是，就会以平淡之心轻快地跨过坎坎坷坷，从容地向前走去。

当然，喝茶的情趣不是人人有之。夜晚处理完公文和公务，泡一杯茶，开始写作。就经验而言，一边喝茶，一边寻找灵感，灵感每每而至，绝不失约。有的朋友见了，却说：“怎么喜欢如此平淡的生活?”此时，我只是淡然一笑。我也颇不理解：每日出入舞厅、酒家，难道就是红火生活?

听说，茶道、茶文化日渐流行。我想，被技术文明武装起来的当代人，除了可口可乐、雪碧等诸饮料，之所以还要喝茶，无非是要跳出花花绿绿的世界，同一个真诚的朋友促膝晤谈一番，让心情最无拘束地流动。所谓的功名心、利禄欲，定然会烟消云散，自去仔细体味那些最本质的生命底蕴。

一位文友也喜欢喝茶。一日，忽对我说，真希望驻足于一座深山，建一座茶园，有一股山泉悬挂在窗前，在那里，每天阅读雾气氤氲，阅读日出日落，阅读茶树墨绿……还有，每天泡一壶好茶，永远期待您的光临。这意境很美，我为之深深感动。只是，日子越来越忙，能喝一杯好的茶，听一首好的音乐，看一本好的书，已是一次享受了。文友的心意，我只能心领。不过，说句心里话，我以为，喝茶，不一定注重形式，更重要的在于心。用心去喝平淡的茶，便能喝出振作，喝出平静，喝出由衷之言。

播音提示　把这篇“喝茶”的稿件放在一个“主持人节目”中如何，加个栏目，开头话、结束语。也可把中间部分稍改编。总之由你，但一定让受众感觉到你在对他说。

8. 一剪子裁出个大市场

张依城

我，一个裁缝，北京人，可我的铺子叫“上海小张时装裁衣店”，就因为大家都觉得上海的服装有款有型，手工活儿细。这手招揽顾客的小邪招儿是跟师傅学的。师傅说，做服装这买卖，第一讲究手艺，第一之前的第一，讲究的是“牌子”。

我对手艺不敢吹牛，可我心细，再加上爱瞎琢磨，开始的时候还真招来几个回头客。慢慢地自个儿建起了个小服装加工厂，可要想再折腾点儿大动静，“牌子”不亮，干着就有点费劲了。

拿商场探道

因为“牌子”的事儿我真发了愁。我想向商场推销一下自己的衣服，可人家说就跟正经厂家有业务来往，像我们这种小作坊，人家听了就笑着晃悠脑袋。我一回头，正看见商场里摆着的几个模特，灵机一动，就跟店主商量，“要不您在商场里摆几个穿着我衣服的模特，我给您留几件衣服，不收您的钱。如果有人看见模特，问起这衣服，您就随便给个价儿，只要有我个料子钱就行。”起初，商场的“头儿”还有点犹豫，后来，一个柜台主任说两句好话，他这才勉强答应了下来。

过了几天，我来商场问我那批衣服卖得怎么样了。售货员当时就从柜台底下抱出了衣服，说："你看看，都在这儿呢，就卖了两件，卖不动。"我当时就受了打击，心想：这回是"失明老头儿逛农贸市场——要瞎（摸）菜"了！

说话的时候，我看见旁边有个出租柜台，前边围了一大圈人选衣服。再一看，原来那个卖衣服的女同志身上穿着自个卖的衣服，看着特那个，直接，效果不错。我心里就势一动。转过脸想要问问刚才那个售货员，这是哪个厂家的衣服，却发现两个女售货员，正一边抱着肩膀，一边搓胳膊，看样子挺冷。我突然明白了，商场售货员上班的时候都穿短袖工作服，可现在离给暖气还有一个月的时间，天儿有点凉，可她们又没有长袖工作服。嘿！这不正是个好机会吗？

我赶紧跑到商场负责人那儿，说我愿意帮商场员工设计制作一套深秋穿的工作服。领导说没考虑过，我告诉他们可以从商场这儿批发点布，我付钱，可不收他们的手工费，剩下的钱先欠着我的。后来商场领导还真同意了。

我赶快筹集资金，老婆怀疑地看着我说："你这么瞎折腾，成吗？人家能买你的东西吗？"

我这心里可早就有了谱儿，这家大商场是属于低档的，专门吸引点中老年人，工作服又不能做得太花，其实样子做好了，真挺适合中老年人的。全商场的售货员都穿上了我的衣服，那就是好几百个活模特呀！有了这点想法，我就抡圆了膀子一通猛干，按期交了活。

服装展偷展台

交活的第三天，我听说民族文化宫里举办一个服装服饰展览会，立马就蹦出个“馊主意”。我悄默声儿地带着自己的衣服来到展览会上，一进门，我就找了个显眼的地方，换上我的衣服，原地不动假装模特，还真有不少人拿我当真模特。等他们看完了，我就跟他们说这衣服是什么牌子，哪有卖的。有好几次吓了人家一跳，这下印象可深刻了。

可得意了没几天，等到第三天的时候，有人发现我在这里头假冒模特，跟工作人员举报了。我一看不对，赶紧从大厅这头转到了那头，再装。扛到了下午，终于彻底暴露，我赶紧就跑，一路溜回了家。

第二天，媳妇拿着报纸跟我说，有人在服装展销会上假装模特。我一听就乐岔了气。等我告诉她真相，她却气哼哼地说，再出去现眼，就砸折你的腿。

安插“羊城暗哨”

没出三个月，我那账本就透着大笔财源滚滚来了。商场的态度也立马来了个大转变，商场领导拍着我的肩膀说：“小张呀，没想到你这么一糊弄，我们这儿还成了‘著名’的中老年时装商场了，净是拉着售货员的袖子说要买她身上这件衣服的。看来，你还得多给我们进货呀！”呵！领导亲口说了这话，我倒反而觉得要拿一道了，就说：“行！不过我有个条件，您得给我个专柜，我可以雇几个售货员，不用您花钱。”

就这么着，我在商场里有了专柜。专柜打出了名气，就有了点“根”，我合计着，时机成熟了，该竖起大旗了！去年，我在离那家商场不远的地方，开了间中老年服装专卖店，然后再一点点地把商场里培养的那批推销员，悄悄地换到我的店里，生意自然是越来越火。

想起来还是师傅说的那句话对，有手艺还得看牌子。可这牌子怎么创，师傅没说，我想得跟我徒弟说，创牌子得靠拿心眼儿看东西。

播音提示　这篇稿子不但要找到对象感，而且应模仿北京话稍俗的生活、生动的一面，你也要“扮演”一下裁缝，让听众感觉你特像。

第二部分

语言表达的外部技巧

播音员的创造性的工作既然在于把文字稿件转化为有声语言，那么有声语言就是一个最终体现。思想感情处于运动状态之后，怎样“形之于声”，借助有声语言表达出来，也是创造性工作的一个组成部分。播音中使用的表达方法，从基础理论范围讲，不外“停连”、“重音”、“语气”、“节奏”四种。它们各有侧重，互相区别，又具有共性，互相沟通。我们的要求是对技巧，在“刻意雕琢”之后，要“回归自然”。

第一章　停　　连

理论提示　停连，包括两个方面的问题。停，指停顿，连，指连接。有停顿，有连接才能更好地传情达意。

播音中，稿件的部分之间、层次之间、段落之间、小层次之间、语句之间、词组或词之间，有声语言总有休止、中断的地方，时间有长有短，都属于停顿的范围。那些不休止、不中断的地方，特别是有标点符号而不休止、不中断的地方，就是连接。停顿和连接都是有声语言行进中显示语意、抒发感情的方法。

停连，是同有声语言同时存在的，也可以说是有声语言的“标点符号”。稿件的标点符号在有声语言中，不应毫无变更地照搬。有声语言的停连，必须符合我们生理和心理的需要，由稿件内容制约，受听众、观众心理影响。只有找到正确的位置，才能发挥有声语言运用停连表情达意的组织、区分、转折、呼应、回味、想象等作用，达到引人入胜的目的。

一、示例《生命之歌的最后乐章》及分析

当今年热闹红火的春节来临之际，躺在医院病床上的雷雨顺同志并没有感到寂寞。

二月十二号，农历年三十下午，中央人民广播电台新闻部的两位同志代表全国听众来看望他，送给他一个镶在盒子里的绢制玉兰花。还有听众给他的一大叠慰问信，又把河南农村一位老中医为他画的两幅水墨花卉展开在他面前。雷雨顺深情地望着画，轻轻地说："谢谢你们，谢谢广大听众。"除夕之夜，北京一百一十一中学的王惠琴老师带着十几名少先队员来到医院，和雷雨顺一起过年，孩子们为他带上了鲜艳的红领巾，特聘他为校外辅导员。他嘱咐孩子们好好学习，将来为祖国的四化出力。值班护士专门端来三盆鲜花。病房里一片芬芳。这时候，谁也没有想到，病魔正在迫使雷雨顺走向生命的终点。

二月十三日，农历年初一的下午，中国科协副主席王顺桐同志把一盆蓓蕾初绽的寿星桃放在病床前，代表科协广大会员问候雷雨顺。雷雨顺支撑着病体说："我微不足道。"

初二，气象科学院和北大地球物理系的几位同志来到医院。雷雨顺和他们谈论的中心话题是气象科研工作。初三，雷雨顺的病情开始恶化。

上午十点钟，雷雨顺处于精神恍惚状态，爱人刘秀芳心情沉重地问他："老雷呀！你是不是要扔下我们?"雷雨顺说："不，你不要太悲观了。"

刘秀芳又问："如果万一呢?"雷雨顺闭上眼睛，泪水不住地滴在被子上。他断断续续地说："万一我不行了，有三条要记住，第一我没有完成的课题要让老吴接着干；第二，我是拿着人民的助学金上学的，对党和人民没有作出什么贡献，我那点书，大概有千把册吧，要把它献给国家，也算尽点心意；第三，我万一不行了，你不要对组织提任何个人要求。"刘秀芳默默地听着，把这珍贵的话语牢记在心头，下午三点钟，雷雨顺让爱人捧着录音机，他气喘吁吁地讲了十分钟，这十分钟对气象科学的研究方向、气象科研人员的协作和科技人员的进修等问题提出了宝贵意见。除了那三条，他没有对个人和家庭再说一句话。

初四，这是他生命的最后一天。上午，科学院领导来看望他，他让爱人把录音带交给领导，并且略带歉意说："讲得不好，本来想今天接着讲，但思想怎么也集中不起来了，我的心劲大的很，可身体像是别人的。"下午三点十分，他吃力地挣扎着要起来，可是力不从心。护士过来帮助他，他用微弱的声音连连说"对不起，对不起。"护士的眼睛湿润了，这是一个多么善良而又坚强的人呵！住院一百零四天，他最怕麻烦别人，在这危在旦夕的时刻，他还因为别人帮助了他而感到不安。

下午四点四十分，当他爱人和护士给他擦洗身子的时候，他突然昏迷，值班的医护人员立即全力抢救，终于无效。四点五十七分，雷雨顺同志的心脏停止了跳动。

五点二十分，国家气象局的几位领导同志赶到医院，沉痛地肃立在雷雨顺的遗体前，泪水模糊了人们的眼睛。

雷雨顺同志安祥地躺着。在用心弦奏出生命之歌最后的动人的乐章之后，他静静地休息了。

示例分析

这篇文章赞扬了气象科学家雷雨顺同志对自己所从事的工作的认真、执着的态度，以及"生命不息—战斗不止"的精神风貌。选用的只是文章的最后一个部分，但它可以使我们联想到他的生前的一切。不为名，不为利，追求自己所从事的科学工作，直至生命的结束。我们应用深切赞扬的基调，向受众讲述雷雨顺在生命最后时刻的动人场面，从而唤起受众，激发受众的工作热情，进而让受众感悟到，人生，最宝贵的是什么？

下面就例稿中的几处停连运用，来看它的作用。

当今年热闹红火的春节▲来临之际，躺在医院病床上的雷雨顺同志∧并没有感到寂寞。

这句话，如果在“春节”之后，安排一个区分性停顿，可以给受众以触动，春节之时，科学家正在医院里治病，而不能享受到快乐的气氛。接着运用了一个强调性的停顿，从而让受众感受到一丝安慰，人们在惦记他，和他在病房里过年。也可以把它看成是一个转换性停连。

值班护士专门端来三盆鲜花，病房里▲一片芬芳。这时候，谁也没有想到，病魔正在迫使雷雨顺▲走向生命的▲终点。

这段话有两个分句，两个分句之间，虽然有句号，但还应该给它设置一个转换性停连，时间相应延长，具体把握要随势而变。第一个分句，在“鲜花”与“病房”里设一个连号，以便为“一片芬芳”作一个铺垫，体现人们对雷雨顺同志的一片真情。第二个分句设了两个停顿，以示对雷雨顺同志的惋惜。

雷雨顺支撑着病体说：“我⩓微不足道。”

雷雨顺同志是在病中说这句话的，他不能比较完整地说出整句话，字字费力，为了表现说话时吃力，只按标点停，有些不真切，因此，在“我”字后面设计一处停顿，既表现了雷雨顺同志的顽强，又表现了他的谦虚为人的品质。

上午十点钟，雷雨顺处于精神恍惚状态，爱人刘秀芳心情沉重地问他：“老雷呀！你是不是︽要扔下我们?”雷雨顺说：“不，▲你不要▲太悲观了。”

在这段中，刘秀芳说，“是不是”后面安排了一处区分性停顿，目的是，不愿意、不希望可悲性的事情发生的复杂心情。在雷雨顺话的后面安排的停顿有两处，均为生理性停顿。表达了雷雨顺不愿意看到要发生的事情，所以用了一个“不”，但又不可抗拒病魔，婉转地对妻子进行了安慰。

他断断续续地说：“万一▲我不行了，有三条要记住，▲第一……”

在这句话中，安排了两处停连，一处是生理性停连，一处是呼应性停连。在呼应性停连中，如果取消这个停顿，呼应关系就模糊了。在这里“记住”是“呼”，其余几点是“应”。

这是一个多么善良而又坚强的人啊！⩚住院一百零四天，他最怕麻烦别人，在这危在旦夕的时刻，他还因为别人帮助了他▲而感到不安。

在上边的这个句子里，第一个用了一个呼应性停顿，以便总结他住院时的表现。随后用了两个连号。用意为，体现出一种语势的变化，由慢转向快，以衬托出他那忘我的生活态度，最后两个连号用完后，刹一下车，作一次停顿，以突出“感到不安”。

下午四点四十分，当他爱人和护士给他擦洗身子的时候，他▲突然昏迷，值班的医护人员立即全力抢救，终于▲无效，四点五十七分，雷雨顺同志的心脏⩚停止了▲跳动。

在这段话中，用了四处停顿，一处连接，大部分运用灵活性停连。如在第一处“他”的后面停顿，提示受众注意“怎样了”。第二个连接号的运用及“终于”后面的强调性停顿的运用，告诉受众不愿意接受的结果出现了。第三个停顿及第四个停顿，完全是作为一种感情上的需要，完全符合内容的要求。

停连的方式，在播音中常常是交错使用的。由于具体语意、具体感情的需要，往往以一种停连方式为主。如何在使用中更加准确、完美，还存在着对有声语言的不同处理问题，这是我们大家应该注意的。

二、“停连”文稿练习

播音提示 下面的练习分为诗歌、散文、消息三部分来供大家对“停连”这个技巧练习。练习时可采用不同的停连部位，来检查实际效果，可反复录音，反复研讨。

1. 鲜花与希望

把所有的忧虑都放下
把大捧的鲜花带回家
忙碌的人，寂寞的人
行路的人，等候的人
把复杂的现实抛开去
把单纯的快乐找回来

大声地笑吧
你原本是个快乐的人
疲惫的你，忧伤的你
有梦的你，执着的你
尽情地憧憬吧
日子原本就是希望

2. 乡音〔外一首〕

赵玉亮

山路旁依然能拾起
儿时的几行脚印
小溪边依然能抓住
童年的几串笑声……
最是婶娘那张豁牙的嘴里
依然漏着我的乳名
那么顺耳动听
只轻轻一声
就打湿了我的眼睛

乡情

以泥土浑然的气息漫过来
以大山宽厚的臂膀围过来

我奋力扑进这温馨的怀抱
让大地的血脉充盈全身……
踮起脚尖
我舒开一枝一叶
仍像田野上
一株朴实的庄稼
摇曳着美丽的青春

3. 春　　天

于　沙

因她，冰川流出媚的曲线；
因她，柳条抖开绿的浪漫；
因她，鸟翅扇动风的畅想；
因她，花影摇曳蝶的思念。
是她，叫荒原分娩蓬勃；
是她，叫石头生长语言；
是她，叫僵蛰变为活脱；
是她，叫消瘦化作丰满。
她哟，为人生浓烈爱意，
她哟，为世态淡化凉炎。
她哟，是一位卓越的艺术家，
她哟，名字叫——春天！

4. 一组诗歌

秋天来了（外一首）

峭　岩

走进　走进清浅的湖水
踏过　踏过绒绒的草滩
去倾听　倾听秋天的足音
——正响在山林水畔

秋天　实实在在地来了
压暗山梁　压暗森林　压暗视线
空旷了雨后的天空大野
豪爽了耕耘者的情感

无声的飘落

秋天　饱尝成熟后走了
最后一场秋风
是在人们的无意中刮过
它把金色的叶片
洒在清浅的水上
是它留给大地的纪念

记忆是从这里开始的
无声的飘落
标示着有声的风涵

金秋梦雪

王中和

金秋向晚
谁令雪花入梦幻?
悄然濡染，醒来
心情已不旱

放眼一场好大的雪
枝间，杈间
一团，一团……
铺白铺远了
它洁净的情感
谁又能理解
它的白呢?
洁白无瑕
又何以遭贬!

只有在
采摘新棉的季节
在棉田

在金秋的雪原
我们才会独特地感到
这雪的温暖
这雪的柔软
哦，冬雪里吸收的阳光
全给了
抽着银丝的棉

摘棉，采雪
棉铃儿炸开了
给了我这抒情的诗篇

5. 圆

樊　婉

海上生明月
潮汐涨涌着你我的思念
天涯共此时
我们同享世纪的每一次月圆

月涌长江的浩瀚
月流香江的芬芳
月明千里　相思百年
爱你　不是因你繁荣美丽

恋我　不是因我富饶久远

我关注你　腾飞的身姿
你骄傲我　崛起的足迹
只为那同一道沸腾的血脉
澎湃着中华民族的声息

今夜，有月
多少人以春天的心情
画着相思的圆满
结局　或者开始
都像长江　香江
波心同映的那轮中国月

6. 句段选编

当父母的都想让自己的孩子的个子长得高一点，孩子能不能长得个儿高，有先天遗传的影响。但是，营养、锻炼、生活方式、工作条件、睡眠等环境因素的影响对身高也有密切的关系。

涮羊肉是冬令佳肴。每年从秋末开始，直到次年暮春，在东来顺的餐厅里总是笑语喧哗，座无虚席。一个个紫铜火锅，炭火正红，热汤滚沸，一盘盘薄达一毫米以下的羊肉片，红白相间，像朵朵盛开的鲜花，衬上嫩绿的白菜，雪白的粉丝，玉石一般的糖蒜，每张餐桌都像一幅精致的图案，就是看看也是一种享受。

有了好肉还得好佐料，涮过的肉片要蘸上酱油、辣油、料酒、芝麻酱、豆腐乳、韭菜花、卤虾油等七种调料配成的浆汁才好吃。顾客可以按照不同口味自己调配。除了佐料，还有白菜、香菜、龙口粉丝等配料也都很有讲究。特别是糖蒜，更是别有风味。自然，涮羊肉还得好在涮字上，肉片下锅，要善于掌握火候，要把肉片涮得不老不生，恰到好处。

世界上没有花的国家是没有的。花，不仅由于色彩缤纷和芬芳扑鼻而受人喜爱，而且还由于有它的独特性格而受人器重。有些国家还选出为本国人民所喜爱的花，作为国家和民族的象征，人们就称它为国花。

这时路灯亮了，我的心似乎也亮了，眼前的解放军多面熟啊！圆圆的脸，聪慧的眼睛，一举一动透着一股典雅、潇洒的风度。虽已四十出头的样子，但却充满青春活力……！我见过他！但在什么地方呢?

风猛地摇着路旁的白桦树，我顺着林荫路望去，看见一只小麻雀呆呆地站在地上，无可奈何地拍打着小翅膀，它嘴角嫩黄，头上长着绒毛，分明才出生不久，是窝里摔下来的。

这时，在一片雨帘中，一个小伙子从远处急匆匆地向车站跑来，他环视左右，竟没有发现一处可以避雨的地方，他不安地在雨中踱着步。看着他那狼狈的样子，我心中不禁一动：我是不是应该帮他一下，两人打一把伞。

我接过来一看，针脚整齐，横是横，竖是竖的，补的就是不错。彭总从老花镜上边看着我，有些得意地说：“多多评头论足吧。”就在这次，他给我谈了他的身世，他童年丧母，家里很穷，他不但要给人家当苦工，还要照管两个弟弟。那时候，什么活没干过，什么苦没吃过?”彭总感触很深地说：“今天，住在这个圆明园，皇帝老子住过的地方啊!”

突然，他的身子猛地往下一沉，“小鬼，快离开我!”他急忙说：“我掉进泥潭里了。”我心里一惊，不知怎么办好，只觉得自己也随着他往下陷，这时候他用力把我往上一顶，一下子把我甩在一边，大声说："快离开我，咱们两个不能都牺牲！——要……要记住革命！……"

我的脑子飞速旋转着。我想到电视里宣传已久的"希望工程"，没想到，这"希望工程"的"工地"如今就在我的眼前。

大脑又递给我一个信息，它逼迫我，叫我不得不重新考虑买花椒的事。买？不买？我不知被什么操纵了，鬼使神差地问起小男孩来：

"你这花椒怎么卖？"

小男孩眼睛一亮，脸上露出一种难言的笑容，也许是奇怪我怎么突然改变了主意。他咧嘴笑了一下，看着我的眼睛，说，"你定吧！"

这着实让我为难了。

7. 消息选编

世纪之交召开的中国人民政治协商会议第九届全国委员会第三次会议，今天下午在人民大会堂开幕。来自各族各界的 2000 名委员出席会议，履行人民政协政治协商、民主监督、参政议政的职能。

巨大的政协会徽悬挂在大会主席台正中，两边是十面鲜艳的红旗。

全国政协九届三次会议应出席委员2207人，实到2000人，符合法定人数。

下午3时，全国政协主席李瑞环宣布大会开幕，全体起立，乐队奏中华人民共和国国歌。

全国政协副主席叶选平、杨汝岱、王兆国、阿沛·阿旺晋美、卢嘉锡、任建新、宋健、李贵鲜、陈俊生、张思卿、钱正英、丁光训、孙孚凌、霍英东、马万祺、朱光亚、万国权、胡启立、陈锦华、赵南起、毛致用、白立忱、经叔平、罗豪才、张克辉、周铁农、王文元，秘书长郑万通在主席台前排就座。

党和国家领导人江泽民、李鹏、朱镕基、胡锦涛、尉健行、李岚清等在主席台就座，祝贺大会召开。

评选出的1999年度全国十大质量新闻是：

一、宁夏锅炉爆炸案惊动高层，江总书记提出，人命关天的事，要确保万无一失；

二、党中央、国务院决定建立全国统一有效的质量行政管理体系，质量技术监督实行省以下垂直管理；

三、全国质量工作会议召开，《国务院关于

进一步加强产品质量工作若干问题的决定》正式颁布；

四、全国基础设施建设工程质量会议召开，国务院要求建设单位对工程质量终身负责；

五、重庆虹桥垮塌案震惊全国，綦江县多位领导因腐败、玩忽职守被判重刑；

六、深圳不法分子销售有毒猪油，导致赣州3人死亡、数百人中毒；

七、广东揭阳劣质钢材生产基地被摧毁，由于此次打假行动将新闻曝光和打假执法两种手段创造性结合，使屡打不死的揭阳钢材造假得以根治；

八、中国质量万里行促进会重拳出击，危害京、津、冀等地长达十年之久的死鸡案被曝光；

九、总投资近33亿元的广东佛山高速公路出现重大质量问题，通车仅3个月就被迫斥资3000万元进行修补；

十、47家产品不合格企业厂长（经理）参加学习班，企业一把手要对质量负总责。

日前，加拿大华裔、日裔、犹太裔社团在温哥华举行“南京大屠杀：以史为鉴，迈进新千年”研讨会。

出席研讨会的有加拿大抗日战争史实维护会

主席列国远、温哥华地区日裔加拿大人协会人权委员会代表鹿毛达雄以及温哥华市议员和各界学者150多人。

与会者表示，南京大屠杀是日本军国主义残杀中国人民所犯下累累暴行中的典型，铁证如山，但日本右翼团体和政府中有些人想篡改历史，掩盖侵略罪行。为此，加拿大政府有责任教育加拿大公民，了解日本军国主义在二战期间对亚洲各国人民所犯下的滔天罪行，促使日本政府和人民正视历史，为日军的暴行承担法律和道德责任，并向亚洲各国人民作出真诚的道歉和赔偿。

今年1月，我国新批外商投资企业数量及协议外资金额均出现两位数增长。

据悉，1月份我国批准外企数量为1425个，协议外资金额34.54亿美元，同比分别增14.4%和10.5%。但实际利用外资额为18.32亿美元，同比下降10.5%。

截至1月底，全国共批准外商投资企业343238个，协议外资总额6175.15亿美元，实际利用外资总额3096.84亿美元。

武汉中华会计师事务所昨天得出审计结论：

武汉大学教授张廷璧个人资产已达1.3118亿元，成为湖北首位拥有亿元资产的科学家。此外，张教授还拥有一幢400多万元的别墅、一辆价值80多万元的豪华轿车。

今年62岁的张廷璧是武汉大学生命科学院教授，在研究天然植物色素课题时产生了一个科学构想——在中国推广运用德国科学家费舍尔1930年获诺贝尔奖的发明成果卟啉铁，并以生物学方法解决卟淋铁工业化生产这一世界性难题，以较低成本防治缺铁性贫血。这一想法得到红桃K集团谢圣明等创业者的支持，他们果断投入50万元进行研究开发。1996年，红桃K集团在明晰产权时，张教授持有集团10%以上的股份，成为集团董事局8位董事之一。不少知识分子认为，张教授以创业为动力，拥有大量个人资产是改革开放进入"高级阶段"的成果，这深刻地表明所谓"搞导弹的不如卖茶叶蛋的"初始发展状况发生了根本转变。同时也表明，知识分子中已形成了新的创业文化。

昨天午夜以来，我国华北北部部分地区出现了春雷阵阵、浮尘漫天的天气状况。中央气象台的有关专家今天说，这种天气属于正常气象现象。

从15日23时许至今天零点左右，北京地区天空中响起阵阵的雷声，许多居民家窗户玻璃被震得直颤，并伴以大风和小雨天气。今天早晨，出门的北京人发现城区内的道路、房屋和停在户外的汽车上都有一层黄色泥点痕迹。整个白天，北京城的天空和街道笼罩在灰黄色之中。

中央气象台的气象专家今天在接受记者采访时说，进入春季以来，北方地区地面植被没有完全长起来，天气转暖解冻又使地表黄土松动。从西伯利亚过来的一股冷空气自西向东移动过程中，将内蒙古和黄土高原上的风沙带到高空，到达华北上空后落到地面，形成浮尘漫天的天气。在华北上空的冷暖空气汇合处，造成垂直方向上空气对流强，形成降水和雷电。

据专家分析，这种天气和80年代北京城风沙弥漫的天气状况不一样，风力不大，是冷空气运动造成的。一般春季容易形成这样的浮尘和打雷天气。

灰蒙蒙的天气和午夜的打雷成为今天京城人们谈论较多的话题。有关专家指出，空气中含尘量大，对人的呼吸会有一定不利影响。首都国际机场塔台调度说，浮尘天气没有对今天进出首都北京的458个航班造成任何影响，飞机正常起降。

59岁的原黑龙江省省长田凤山今天被任命为国土资源部部长。国家主席江泽民签署第三十号主席令，公布了由九届全国人大常委会第十四次会议今天通过的这一决定。

原任国土资源部部长周永康此前已被任命为中共四川省委书记。

出生于黑龙江省肇源县的田凤山1961年7月参加工作，1970年3月加入中国共产党。1964年结束了在解放军西安第二炮兵技术学院的学业生活后，在家乡肇源县任教员，公社党委书记、革委会主任，县委副书记、副县长。1983年后任中共黑龙江省肇州县县委副书记、县长，绥化地区副专员、地委副书记、专员，1988年后任牡丹江市市委书记，黑龙江省副省长，黑龙江省省委副书记、哈尔滨市市委书记，1995年2月至2000年1月任中共黑龙江省省委副书记、省长。他是中共第十五届中央委员。

国务院在提请审议这一人事任命的议案中说，田凤山熟悉经济工作。1998年抗洪救灾中，深入第一线指挥抢险。他组织协调能力强，领导工作经验丰富，认真贯彻民主集中制原则，作风深入，是国土资源部部长的合适人选。

在辽宁锦州市出土的距今一个半世纪前埋藏在地下的白酒，近日被专家们认为是迄今发现的可以食用的出土文物。

去年6月，锦州凌川酿酒总厂在老厂址迁移时，挖掘出清代用作贮存白酒的称作“木酒海”的4个长方木箱，内藏原酒4吨多。经我国著名酿酒专家和考古专家联合鉴定，这批酒液已呈淡黄色的古酒，是清代皇封作坊“同盛金”（锦州凌川酿酒总厂前身）用红高粱、谷子、大曲等为宫廷酿制的贡酒，在道光25年（公元1845年）封存穴藏。

据记载，大凌河上游5000年前的红山文化遗址发现过装酒的瓮和饮酒用的器皿，但考古界过去从未发现穴藏这么多酒，且酒的理化、卫生指标完全符合饮用标准。

在武夷山市举行的首届武夷岩茶茶王赛上，昨天，该市一家茶厂生产的“肉桂王”拍卖出天价，其100克样品被一家香港公司以18.8万元买走。

此次茶王赛由中国名茶评委会副主任张天福担任主任评委。经初赛，现场评出了武夷岩茶中“肉桂”、“水仙”、“名丛”、“品种”四大系列的茶王。共有78家茶厂的99个样品参加了此次比赛。

除“肉桂”外，评出的“水仙”、“名丛”、“品种”茶王样品各100克也分别以14.8万元、6.8万元、7.8万元的高价被客商买走。

武夷山市是中国乌龙茶的发祥地，其盛产的武夷岩茶是中国十大名茶之一。武夷岩茶属高山云雾型，有“岩骨花香”之誉。武夷岩茶有1500多年的历史，唐代即为品茗佳品，宋元以来成为朝贡珍品。元世祖忽必烈的皇家御茶园就位于武夷山市星村镇九曲溪的四曲南畔。

中国京剧优秀青年演员研究生班首届学员，将于3月24日至28日在北京长安大戏院举行毕业汇报演出。

优秀青年演员研究生班是中国京剧史上的第一个研究生班，在三年时间里，全班26名学员学习了《剧目研习》、《戏剧表演专论》、《戏剧角色创造》、《戏剧导演概论》等16门课程，并与各自所在院团一起加工整理创作了一批新剧目，如《宝莲灯》、《妈阁紫烟》、《蝴蝶梦》、《花木兰》、《驿亭谣》、《西厢记》、《刘兰芝》、《李尔王》、《大钟楼》等，在继承与创新、课堂教学与舞台实践、技能培训与艺术研究的结合上取得了可喜成果。

几年来，首届研究生班的学员们不仅活跃在京剧舞台上，也出现在一些重大节日的大型晚会上。这次毕业公演，是他们三年学习成果的集中汇报。学员们演出的《杨家将》、《大保国·探皇陵·二进宫》、《霸王别姬》等剧目将再一次展示出他们团结协作、奋发向上的风貌。

首届中国昆剧艺术节暨古典名剧展演活动将于3月31日至4月6日在江苏昆山和苏州举行。

江苏省苏昆剧团的《钗钏记》、《长生殿》，江苏省昆剧团的《看钱奴》，上海昆剧团的《牡丹亭》，北京北方昆曲剧院的《琵琶记》，浙江京昆艺术剧院昆剧团的《西园记》，湖南昆剧团的《荆钗记》等将在艺术节上充分展示近年来昆剧艺术发展的崭新风貌。本届昆剧艺术节由文化部、江苏省人民政府和苏州市人民政府共同主办。

北京市保护小动物协会主办的“关爱自然，保护动物”音乐会，最近在北京音乐厅奏响，引起各界的关注。观众期望今后多以这样的方式表现人类的爱心，呼吁动物的保护事业。

音乐会上，中国音乐学院的师生以轻松活泼的旋律，演奏了肖邦的《小狗圆舞曲》等名曲，展现出美丽的大自然和可爱的动物世界，以及人与自然、人与动物的和谐关系。关心动物保护事业的一些艺术家也登台献技。

由首都20家新闻单位联合主办、康威集团有限公司独家赞助的'99“康威杯”全国十佳运动员评选今天在京揭晓。

此次评选活动得到了广大体育爱好者的极大关注和参与。主办单位从来自全国各地的选票中，根据得票多少从中选出了1999年全国十名最佳运动员，他们是：孙雯（女足），谢军（国际象棋），刘国梁（乒乓球），刘宏宇（竞走），王楠（乒乓球），孙俊（羽毛球），李佳军（速滑），陈桦（游泳），董震（体操），石智勇（举重）。

位居十佳运动员榜首的孙雯同时获得“康威体育之星”最高荣誉称号。

为培养十佳运动员做出突出贡献的教练员们也同时受到了表彰。他们是马元安、叶江川、蔡振华、张阜新、李隼、汤仙虎、辛庆山、朱志根、白远韶、陈文斌。

这项每年一次表彰中国优秀体育健儿及其教练的体坛盛事得到了广州康威集团有限公司的全力赞助与支持。

国家体育总局武术运动管理中心今天在京宣布：经过近一年半时间的前期筹备，作为中国武术散打职业联赛第一阶段 2000 赛季比赛的首届中国武术散打王争霸赛将于 3 月 25 日在北京开战。

中国武术散打职业联赛是国家体育总局武术运动管理中心在散打竞赛体制改革方面的实践与创新，是中国武术散打项目向职业化、市场化迈进的重要举措。2000 赛季比赛每周六在京举行一场，贯穿全年。参赛选手分 65 公斤级、70 公斤级、75 公斤级、80 公斤级、85 公斤级、85 公斤以上级六个级别。每个级别的参赛选手通过双败淘汰制决出一名冠军，最后由六个级别的冠军从小级别向大级别逐级过关挑战，立于不败之地的选手成为散打王。散打王将体现中国武术搏击的最高技能，同时也是目前散打项目的至高荣誉。

为了尽可能满足观众的审美要求，更好地为观众服务，联赛管委会针对原有散打比赛中所暴露出的问题和不足，在联赛的赛程赛制、裁判规则、运动员上场礼仪、运动员形象包装、比赛场地、观众参与等诸方面进行了调整及创新。在引人注目的电视转播权方面，联赛管委会最终确定了由近年来在国内电视业及观众中声誉日隆的湖南卫视独家直播首届散打王争霸赛。为了保证在京的比赛能够在客观公正的基础上第一时间呈现给观众，湖南卫视投入了大量的人力、物力以确保直播质量，同时在比赛节目制作上投入了极大精力，力求通过电视制作手段使比赛转播更加精彩。

在国际互联网传播方面，本届散打职业联赛组织者已与数家著名网络公司接触，并将在开赛前确定一家综合实力领先的网站进行网上直播。

昨晚，美国“奋进”号航天飞机载着 6 名宇航员、雷达装置和宝贵的地貌测绘数据，返回佛罗里达州卡纳维拉尔角的肯尼迪航天中心。

在 11 天的飞行中，来自美国、德国和日本的宇航员分两个班次全天候地进行地貌测绘任务。他们的测绘范围北至加拿大不列颠哥伦比亚省，南至南美合恩角，覆盖了地球 75％的区域。测绘数据装满了 300 多盘数码磁带。据悉，中国被百分之百地覆盖。

300 多盘数码磁带在经美国宇航局复制备份后，将被送到位于加州帕萨迪纳的喷气推进实验室。美国宇航局及其合作伙伴测绘局预计，科学家将花费一至两年时间来完成数据分析工作。利用这些数据绘制出的高精度地图可提高导弹瞄准目标的能力，为战斗机驾驶员和地面部队提供更加精确的导航。

一艘装载约 980 吨原油的油轮 24 日上午在距阿布扎比东海岸约 11 公里处沉没。晚上 7 时许，已有 200 吨至 300 吨原油从这艘沉没的油轮中泄漏出来，造成一条长 600 米、宽 100 米的污染带。

阿联酋有关官员说，这艘悬挂洪都拉斯国旗的油轮属于总部在阿布扎比的一家公司，它是在从阿布扎比驶往索马里的途中沉没的。油轮沉没的原因尚在调查中。

据国际原子能机构 6 日公布，截至 1999 年，全世界处于运营中的核电站共有 436 座。目前正在兴建中的核反应堆总数为 38 座。核发电量在总发电量中所占比例最高的 10 个国家是：法国 75%、立陶宛 73.1%、比利时 57.7%、保加利亚 47.1%、斯洛伐克 47%、瑞典 46.8%、乌克兰 43.8%、韩国 42.8%、匈牙利 38.3%和亚美尼亚 36.4%。

三、附：停连标记符号

▲挫号。停顿时间短，用于没有标点符号的地方

∧停顿号。　停顿时间稍长。如果用在有标点符号的地方，表示停顿时间再长一些

⩓间歇号。　停顿时间更长，一般用于层次、段落之间

‿连接号。　只用于有标点符号的地方，表示缩短停顿时间，连起来播

～～～延长号。可用于任何词、词组、句、段落之后，表示声音延长

第二章　重　音

理论提示　一篇稿件，是由许多独立表达意思、蕴含一定感情的语句组成的。语句中的词或词组并不是处于完全并列、同等重要的地位。其中，有些重要些，有些次要些。那些重要的、主要的词或词组，播音时，就要着重强调一下，以便突出地、明晰地表达出具体的语言目的和具体的思想感情。那些我们着重强调的词或词组，就叫做重音。

重音的问题实际上是词或词组在句子里面的主次关系问题。重音是那些主要的词或词组，非重音是那些次要的词或词组。重音也有主要重音、次要重音，非重音部分也有比较主要些、比较次要些的区别。任何一个句子里都有重音，不过因句子在全篇稿件中的作用、地位，重音的强调程度、强调方法有所不同罢了。确定重音的位置、择取重音的表达方法，都要从具体语句着手，从全篇稿件着眼。并非句句重音都同等重要，都只有一种表达方法。因此，确定重音切忌杂乱，一定要少而精，表达重音切忌单调，一定要多样。

重音的符号，我们用在词或词组下面加圆点表示。

一、示例《我和花椒》及分析

《我和花椒》这篇文章，通过作者对眼前“希望工程”的认识过程，不理解——朦胧——同情——理解——付诸行动，体现出了作者极富同情心，极有人情味，赞扬了现实社会中人与人之间的一种新型关系，揭示出社会的温暖，人间的温暖。

文章分为三个层次。文章采用倒叙的手法写的，不妨把倒叙之前对花椒印象及认识作为第一层次。第二层次从第三自然段“在去往九寨沟的路上……”开始直到倒数第四自然段之前“我深深地吸了好几口”。第二层次是作者与被称之为“花椒”的小男孩具体交往、认识的过程，这个层次应该说是全篇的重点，它是作者思想升华的具体落实层次，不论是案头的分析、推敲及有声语言的表达，播音员也都应在此下功夫。第三层次由“小男孩的眼神和身影伴随我游览九赛沟的风光……”这个过渡段直到文章的结束，写作者被“希望工程”所激发的实际行动。

文章虽然写“希望工程”，但由于作者写得

朴实无华，简洁口语，较为“明亮”，所以播音时采用“清新、明快”的基调比较适合，同学可尝试一下。

我和花椒

刘 逑

闻它，冲鼻子的味儿，恶心；

吃它，直麻舌头尖儿，头晕；

看它，像一颗颗小红药丸，皱眉。

这就是我对花椒的第一印象：难闻、难吃、难看。

去年暑假的九寨沟之行，一来让我饱览到世界名胜；二来又让我真正领略到“苦”的滋味。别的不说，光是长途车后座摆的那两大麻袋花椒，就够了我一大呛，再加上那里的食品，从街头小吃到饭店正餐，几乎都少不了花椒，真令我苦不堪言。

我真想把花椒狠狠地诅咒一番，谁知刚开了个头儿，便引来当地许多人的啧啧称赞。这个说花椒治好了他的咳嗽，那个说花椒治好了他的近视眼，连妈妈也说做菜搁花椒能提味儿。

在去往九寨沟的路上，到处可见一丛丛的花椒树。武都和文县，因出产著名的花椒“大红袍”而闻名。又因为它们都算的上是“大地方”，所以路过此地的时候，我们便停留一天，逛逛小县城，想买点儿土特产。

但一走进市场，我就失望了。巴掌大的地儿，一水儿的花椒地摊儿。迎着街上弥漫开来的浓浓的花椒味儿，我硬着头皮朝前走。

我的脑子一片空白，卖花椒人的吆喝声与身影都是那么的模糊。突然，一声声稚嫩清脆的、拘谨的叫卖声传来："花椒，刚摘的好花椒……"

面前站着的是一个小男孩子，衣衫褴褛，脸色黑黄，（我曾听大人们说，这里是贫困山区，不少孩子由于营养不良，面色都是黑黄黑黄的，）再加上尘土飞扬，自然是满面灰尘了。再看他的手，皮肤粗糙，一条条的血道已经结痂。他全身散发出来的不仅是汗味儿，更多的是花椒的味道，令我不敢靠近。孩子呆呆地凝视我，双唇紧闭，眉毛高扬。最让我牵魂动魄的则是他的那双明亮的眼睛。

他的双眼——那么的纯净，那么的透亮，我努力在这短暂的沉默时刻读懂藏在他双眸里的东西。

"大姐，您买花椒吗?"

我一时不知说什么好，买花椒，我是不感兴趣的，不买，又怕辜负了那双眼睛。

我歉意地摆摆手。

小男孩很失望，我看着他那样子，说不清为什么，内心有一种不安，很想安慰他几句，便问：“你几岁啦?”

“8岁。”

“这块儿卖花椒的人那么多，你那么小，干嘛偏偏要来卖花椒呢?”

“攒钱。”他回答得很干脆。没等我反应过来，他问我：“大姐，您从哪儿来?”

“北京。”

“噢，北京！我连做梦都想去。”他闪着机灵的眸子，在幻想什么。

“那你现在为什么不去?”

“等我念好了书，到北京上大学。”他立刻显得很激动很羡慕的样子。

这个小男孩子好像跟我亲近了许多，我便和他拉起家常。我问他攒钱做什么。他告诉我，他家穷，要想继续念小学二年级，就必须靠自己。他说，他家没有别的挣钱门路，只有去卖自家种的花椒。

我的脑子飞速旋转着。我想到电视里宣传已久的“希望工程”，没想到，这“希望工程”的“工地”如今就在我的眼前。

大脑又递给我一个信息，它逼迫我，叫我不得不重新考虑买花椒的事。买？不买？我不知被什么操纵了，鬼使神差地问起小男孩来：

“你这花椒怎么卖?”

小男孩眼睛一亮，脸上露出一种难言的笑容，也许是奇怪我怎么突然改变了主意。他咧嘴笑了一下，看着我的眼睛，说：“你定吧!”

这着实让我为难了。

我该如何定价呢？正在我拿不定主意的时候，瞬间，我窥视到他的双眼——仍然是那么的纯净，仍然是那么的透亮，黑白仍然是那么分明。

然而这一次，他凝视的对象并不是我，而是我肩上背着的，已经很破旧的书包。

我对小男孩的这个举动非常的不解。这是一个很不起眼儿的双肩背书包，上面没有什么特殊的好看的图案。假若有谁要这个包的话，我会毫不犹豫地塞给他。

小男孩注意到我在看着他了。我正要把想好的价钱告诉他，几乎是在同时，小男孩以一种试探的口气低声问我：“大姐，用我的花椒换你的书包，成吗?”

我被吓一跳，他怎么会愿意用这么多花椒来换我的旧书包呢？要知道，当地的行情是500克花椒12元啊!

他大概以为我正犹豫跟不跟他换这个书包，

就又说了一句："您要是嫌不够，我再回家多摘些给你……"

我告诉他，他的口袋要值很多钱，而我的书包远远抵不了。

可他却揪着我的手，执意要换，近似哀求地说："大姐，我就要你这个从北京带来的书包！"

我没有办法了。就这样，我用一个小书包跟小男孩换了一口袋"大红袍"。

我连书包里的一支铅笔和一块橡皮全都给了他。他欣喜极了，好像是胜利地完成了一件大事。一下子背起我的书包，连蹦带跳地走了。

小男孩走了，我望着他的背影，突然想起应当问他的姓名和地址。便提着这一大包花椒急忙地追上去。

"我的小名叫'花椒'，我喜欢人家这么叫我，你也这么叫吧！"他又说出了他家的地址。

"花椒"？这孩子的名字？我一向讨厌的那种东西？当我想起要问他的学名时，连这孩子的影儿都望不见了。

这时，一股浓郁的花椒味儿扑鼻而来。奇怪得是，原来那冲鼻的难闻的花椒味，忽然变得清香起来。我深深地吸了好几口。

小男孩的眼神和身影伴随我游览九寨沟的风光，又伴随我回到北京的家里。

到家的第一天，我什么也没来得及干，就取出50元零用钱，一口气跑进商店，买了一个又大，又漂亮的书包，然后去邮局，按照小孩儿给我的地址，打算把书包寄给他。当我郑重地在收件人一栏中填上“花椒”两个字后，又在书包里夹了一张纸条，上面写着：“花椒：我真希望有一天能在北京见到你！”

以后，花椒就成了我的宠物。

我和花椒就是有缘。我爱花椒！

文章的第一自然段写对花椒的认识，“闻、吃、看”，“恶心、头晕、皱眉”均为对比性重音。而“冲鼻子味儿”、“直麻舌头尖儿”、“像一颗颗小红药丸儿”是比喻性重音。而“难闻、难吃、难看”应把它看作是并列重音。

第二自然段中的“饱览、领略”为并列重音，而“够了我一大呛”中的“够”是强调性重音。

第三自然段中的“诅咒”与“啧啧称赞”为转折性重音。而“咳嗽、近视眼、提味儿”是呼应性重音。

第四自然段中“大红袍”为比喻性重音，“大地方”为反义性重音。

第五自然段中“失望”为强调性重音，“巴

掌大、一水儿、浓浓的、硬着头皮”都为比喻性重音。

第六自然段“稚嫩清脆的、拘谨的”为比喻性重音。

第七自然段对小男孩形象的具体描绘中所用的一些形容词如“衣衫褴褛，脸色黑黄”等均为比喻性重音。

第八自然段中“纯净、透亮”为并列性重音。“我一时不知说什么好”中的“一时”为强调性重音。“不感兴趣”与“辜负”为递进性重音。“我连作梦都想去”中的“作梦”为比喻重音。

第九自然段中“好像跟我亲近了许多”中的“许多”应把它看成为强调性重音，而“他家没有别的挣钱门路，只有去卖自家种的花椒”中的“没有、只有”均为肯定性重音。

第十自然段中的“希望工程”及“工地”“眼前”为转折性重音。

第十一自然段中的“重新买花椒的事”中的“重新”应看作是肯定性重音。而后面的“鬼使神差”是一个比喻性重音。

第十二自然段中的“纯净、透亮、分明”是递进性重音。

第十三自然段中的“毫不犹豫”是一个肯定

性的重音。

第十四自然段中的“大姐，用我的花椒换你的书包，成吗”中的“花椒”与“书包”两个字应是对比性重音。“吓一跳”是强调性重音，“很多钱”也是一个强调性重音，后面的句子“我用一个小书包跟小男孩换了一口袋大红袍”中的“小书包”与“一口袋”应是对比性重音。

第十五自然段中的“他欣喜极了”中的“极”是强调性重音。而“连蹦带跳地走了”中的“连蹦带跳”是一个比喻性重音。

第十六自然段中的“我的小名叫花椒”中的“花椒”是肯定性重音。

第十七自然段中的“连孩子的影儿都望不见了”中的“影儿”是一个比喻性重音。

第十八自然段的“难闻”与“清香”是对比性重音。“我深深地吸了好几口”中的“深深地”为强调性重音。

第十九自然段中的“九寨沟”与“家里”是一对递进性重音。

第二十自然段中的“一口气”应为强调性重音。“又大，又漂亮的书包”中的“大”“漂亮”为一对递进性重音。“希望”为强调性重音，“北京”为肯定性重音。

第二十一自然段中的“宠物”为比喻性重

音，“有缘”为肯定性重音，“我爱花椒”中的“爱”为强调性重音。

二、“重音”文稿练习

1. 句段练习

在经济全球化、科技全球化的背景下，我们要具有高屋建瓴的清醒、国家民族的危机感、时不我待的紧迫感、责无旁贷的使命感。

一切彻底的成功都是做人的成功，一切彻底的失败都是做人的失败。有德无才要误事，有才无德要坏事。

在国际化社会里，每一点新鲜见识的增长均得益于全球知识渊博的学者之间的合作。今天的事业是集体的事业，今天的竞争是集体的竞争。

物质贫困固然可怕，更可怕的是精神贫困。只有自强不息，顽强拼搏，人生足迹才会落地有声，才会真正实现人生价值。

一个国家、一个民族，如果没有现代科学，

没有先进技术，一打就垮；而如果没有优秀历史传统，没有民族人文精神，不打自垮。

自信是人生成功的重要基石，而自卑则是人生第一大敌。天生我辈必有才，天生我才必有用。

一个人如果没有一腔浩然正气，就不可能无所畏惧地前进，不屈不挠地为国家为社会建功立业。这一点已被从古至今的无数事例所证明。

自古有木兰从军，精忠报国。替年迈的父亲，金戈铁马，立下赫赫战功。衣锦还乡，原来却是女儿身，巾帼不让须眉，被视为英雄，成为佳话，古今传颂。而在美利坚玫瑰碗上演的那一幕女足世纪大战，便是当今最壮观也最激动人心的《木兰辞》。

走在香港的大街上，中华人民共和国国旗迎风招展，在中国人民解放军驻港部队军营前，哨兵军帽上的八一军徽熠熠生辉。此时此刻，人们强烈意识到，人民共和国的政权巩固，保护着香港特区的资本主义社会形态。这个事实体现出一种大海般的宽容，显示着一种强烈的自信心与力量。

黄河是中华民族的摇篮和象征，其上游迂回曲折，闯荡出许多峡谷急流，仅在海拔二千多米的陇西高原，就冲刷出十个盆地、十一条峡谷，是我国水能资源的富集地区。自大禹治水的积石山起，滔滔黄河出积石峡由南朝西拐一个弯，进入了刘家峡峡谷。三十年前，这里出现了中国版图上第一座百万千瓦以上的大型水力发电厂——刘家峡水电厂。

今天的北京，已从 50 年前一个半封建、半殖民地旧中国的缩影，发展成为欣欣向荣的中华人民共和国首都，成为全国的政治中心、文化中心和国际交往中心，成为展示改革开放社会主义中国形象的重要窗口；今天的北京，已从一个畸形的消费型城市，发展成为一个服务功能齐全、基础设施相对完善、产业结构趋于合理、经济实力居于全国前列的综合型特大城市；今天的北京，已由一个有着 3000 多年建城史、800 多年建都史的古城旧貌换新颜，正向文明、民主、进步、充满生机和活力的“首善之区”大踏步地迈进。

规模空前、今天落下帷幕的本次洽谈会成果丰硕：各类合同成交额超 1000 亿元，协议成交额近 900 亿元，其中，国内横向联合合同总投资额 315.36 亿元，比上届洽谈会增长了 2.57 倍，内贸合同成交总额达 385.28 亿元，比上年增长了 2.56 倍。

杨二庄，辖 14 个村、3600 户。去年，冒出 5 家合资企业。其中，4 家是与美国、日本、英国的外商合资，1 家是与港商合资，到位资金 150 万美元。日前，笔者前往采访，赞叹他们说："你们攀的都是高亲啊!"可是，杨二庄的老板们却摇摇头回答："不是'攀'，是'结'。说攀，把自己看低了，把对方看高了，低攀高往往攀不上。结，是互攀，咱攀他的优势，他攀咱的优势，优势互补，才能诚结良缘，合作长久。"话语中蛮有哲理。

展览经济涉及设计、生产、流通、服务、旅游、广告、装饰、边检、海关以及餐饮、通信和住宿等诸多部门，不仅可以培育新兴产业群，而且可以直接或间接带动一系列相关产业的发展。国际上有 1∶9 的说法，即办展会的场馆收入如果是 1 的话，那么相关的社会收入就是它的 9

倍。会展经济和旅游经济、房地产经济一起，并称新世纪“三大无烟产业”。

科学家发现厄尔尼诺是指全球气候出现异常的一个强信号。厄尔尼诺是南美洲秘鲁和厄瓜多尔附近海面1000多公里范围洋面出现异常高海水温度现象，每2—7年会出现一次。70年代以来出现了8次厄尔尼诺现象。其中1997—1998年的厄尔尼诺是本世纪以来最强的一次。当厄尔尼诺出现时，全球（特别是热带地区）同时出现气候异常。对亚洲东部来说，在厄尔尼诺夏季，从日本以东洋面经日本到中国长江流域是比常年多降雨的地带，1998年长江洪水就出现在厄尔尼诺的气候背景上。

众所周知，诚信乃立人、立业之本，也是中国传统文化的精髓所在。一部《论语》，光“信”字就谈及38次，其中24次是指“诚信不欺”之意。子曰：“人而无信，不知其可也。”意思是说，“作为一个人，却不讲信誉，那怎么可以！”在商品交易中，国人历来讲究“童叟无欺”，市场经济也强调公平、公正，信誉更是企业的生命。那些缺少公信度的人或企业，或迟或早会被淘汰出局，因为“多行不义必自毙”，不论他

（它）属于公有制经济还是非公有制经济。

企业的竞争正在产生新的变革。其表现之一就是竞争“商机”。

“商机”是未来变化中企业可赢利的机会。人们常说，时间是十分宝贵的，因为它是一去不复返的。然而，商机则不仅时不再来，而且是更为稀少、更加苛刻，不是谁都轻易能够拥有的。

我们有些企业对现有产品的变化十分关注，倾注全力竞争产品的市场占有率，但却往往忽视了或根本就没有意识到改变产品命运的“商机”。因此，一旦市场出现了新的转机，往往使其措手不及，导致其或者付出巨大的成本重新稳住阵脚，或者从此衰落下去而一蹶不振。IBM公司曾经对个人电脑的商机视而不见，使其差点遭受灭顶之灾；我国有许多生产蚊帐的企业，没有意识到改变“人蚊之战”方式的新的商机，使其在新型灭蚊器前败下阵来。

这些交费负担主要来自这样八个方面：一是新办企业高收费；二是有关部门擅自扩大收费范围；三是一些部门随意收费；四是部门重复收费；五是日益繁多的“有偿服务”；六是硬性摊

派；七是部门隐性收费；八是国企、农民负担转嫁。对此，农业部乡镇企业局副局长卢永军说，加重乡镇企业负担就是加重农民的负担，影响乡镇企业的发展就是影响农村经济乃至国民经济的发展。

在整个食物链中，即土壤、空气、水——农作物及畜禽、水产品——食品，任何一个环节都可能被致病性微生物和有害化学物污染。从对人体健康危害的可能性来讲，微生物性污染始终是食品安全的主要问题。在发达国家，随着食品原料和食品生产、运输和销售的工业化和现代化，一些由于条件差和生产技术落后而造成的食品污染在很大程度上得到了避免；但却为微生物污染在食品中的大面积扩散，乃至食物中毒的多发，创造了新的条件。例如，在大规模养鸡及集中的工业化屠宰和加工过程中，只要有少数鸡感染了沙门氏菌，就可以污染一大片市售鸡。这就是西方发达国家食源性沙门氏菌病（呕吐、腹泻等）发病居高不下的原因。

中国有句古话："饿死别做贼，屈死不告状"。中国的老百姓把告状与做梁上君子相提并论，可见告状之难。千百年来，在封建专制集权的统治下，不要说告官府，就是告庶民，有理没钱也莫轻闯衙门，“民不告官”成了老百姓信奉的千古律条。某市法院曾对该市受过行政处罚的人进行调查，有62％的人对“你受到不当处罚而不提起行政诉讼的原因”回答是“不敢告”，因为怕“胳膊拧不过大腿”。即使官司打赢了，但还是在“官”的管辖范围内，日子也不见得好过。可谓是“赢一阵子，输一辈子”。可是今天不同了，在现代法治社会中，公民的法律意识正在逐步提高，我们欣喜地看到愈来愈多的人开始懂得用法律来维护自己的合法权益，民与“官”可以平等地对簿公堂，行政诉讼的社会功能也已为更多的人所认识和理解。

留意一下房地产广告，有三个词总觉得特别扭，就是“广场”、“花园”和“高尚”。按汉语习惯，“广场”就是大的空场地；“花园”就是有花的园子；“高尚”则是形容人的品质。这些词小学生都会用。

可按时下流行的解释，“某某广场”八成是指一座大厦，“某某花园”则是住宅小区，而“高尚”也不夸人品，而是夸住宅楼了。

这些时髦大概来自海外。为什么我们要赶这样的时髦？语言文字属文化范围，文化属于上层建筑，上层建筑受制于经济基础。比较而言，目前我们的经济还不够发达，我们要引进资金引进技术，难免文化也要跟一些进来。

从现在起到下世纪前10年，是我国实现第二步战略目标和向第三步战略目标迈进的关键时期。要在资源有限的国情制约下，使占全球人口1/4的大国进入世界中等发达国家行列，单纯追求规模和数量扩张是注定没有出路的，必须大力发展高新科技，大力提高技术创新能力。这不仅是解决我国当前经济和社会发展重大问题的紧迫要求，也是贯彻落实科教兴国战略，实现社会主义现代化的必由之路。

不管是两岸的和平统一也好，两岸的接触对话也好，一个中国原则都是基础，是前提，绝对不容许挑战。台湾要有美好的未来，要有光辉的前程，就要统一，要和平，要谈判。而要统一，要和平，要谈判，台湾的新领导人就必须承认一个中国的原则。吕秀莲疯狂地向坚持一个中国原则的12亿5千万中国人民挑衅，分明是要把台湾人民推向战争的深渊。这样的人还奢谈什么“台湾安全”、“人民幸福”、“两岸和平”，完全是欺人之谈。让这样一个随时可能给台湾带来灾难的丧心病狂的“台独”分子作台湾地区的领导人，能让我们的2300万台湾同胞安心吗?

长期以来，贫穷、文盲、疾病，特别是内战和动乱，不仅是制约非洲经济发展的主要因素，也是非洲经济落后的直接后果。时至今日，非洲大陆依然没有摆脱战乱和贫穷的阴影。联合国确定的48个最不发达国家有33个在非洲；全世界86个低收入缺粮国家，其中一半在非洲；非洲目前有一半人生活在每天不足一美元的贫困线下；非洲国家目前的外债总额达到3500多亿美元，难民总数超过600多万人……非洲在前进的道路上困难重重。

众所周知，长期以来，学校的考试，包括中考和高考，已经严重背离了检验学生基础知识和基本能力这一初衷，越来越向畸形发展，考题的偏、繁、怪，日趋严重。有些高考题目大学的教授做不出来，中考题目许多受过高等教育的学生家长看着都发蒙。考题上的这种偏、繁、怪，表面上看似乎在某种程度上反映了出题者心理上的扭曲，实际上折射出了教育的扭曲。我们的学校教育究竟以什么为目的?被叫得越来越响的素质教育的内涵究竟是什么?如何将它体现在我们的日常教学中？这些都是值得深思并有待解决的问题。

“让今天喂养过海鸥的孩子，永远不会拿起瞄准鸟儿的猎枪”，这是多么好的话题。的确，无论是我们今天挽留海鸥，还是守护家园，都不应只是出于惧怕环境“报复”的功利考虑，也不仅仅是为了给我们的孩子留下一个物质的美好地球。更重要的，是要通过改善我们与自然的关系，教会孩子将来如何与自然相处；是要告诉他们，在我们这个地球上，生命无处不在，只有懂得去尊重那些有益于生态环境的生命形态，才能凸显人的可贵。

司马台长城，一个让人很容易和许多与古文化有关的事件联想到一起的地名，路很好，公共交通却不太方便，朋友便开车载我去。京密公路修得真漂亮，友人不禁心中自豪：“加拿大温哥华的枫林大道也不过如此！”先抢入眼帘的是火炬树，齐刷刷的灌木，每一株都是独立的一簇，顶部熠熠生辉的深红色树叶抖擞成动态的三角状，俨然一把把熊熊火炬在公路两旁燃烧。停下车来，走近火炬树，捋一枚红叶，我眼前却看到了杜鹃的啼血，或许火炬树生命的意义就在于用终生的血为悲凉的秋争得一抹灿烂？

一说到月亮，人们脑海里就会浮现出“银白”、“皎洁”等形容词，这自然再准确不过了。但也不是没有意外，我就曾在大巴山邂逅红月亮。那是20年前的一个傍晚，刚刚翻过一道陡峭壁立的山崖，但见一轮艳红如血的月亮从东边山头那一层暗蓝色的雾霭里腾腾跃出。那月亮又大又圆，以半边天穹为背景直逼我的眉睫，仿佛伸手便可撕下一片为旗。“月亮走，我也走。”这一轮红月亮始终与我同行，不远不近，若即若离，直到抵达山顶，那一脉血红才渐渐地淡了下去……这一轮燃烧的月亮从此便深刻在我的记忆里，如火如荼，如诗如画，一俟形象思维枯竭，便将它挂在心树上。

如今，雪越来越稀罕了。大雪变成了小雪，多雪变成了少雪，少雪变成了无雪。

奶奶说，她曾见过三尺深的大雪。而我所见过的最大的雪只有一尺多深，那也是十多年前的事了。原以为，到了家乡以北的郑州，会见到更大的雪，但在郑州八年，却只见过一两次半尺以上的雪。近两年，更是连半尺雪也见不到了。每个冬天，我都在盼雪，数着一九二九三九，盘算着冬天还剩下多少时间，乃至到了春天，还常常盼望来一次“倒春寒”，下一场“桃花雪”，然而，冬去春来，等来的却是一次又一次的失望。

科学家说，这是气候变暖的原因，气候变暖是因为“温室效应”，而“温室效应”是因为工业化带来的大气污染。我越来越感到，我们失去的已不仅仅是雪，而是人类赖以生存的自然环境；我所企盼的，也不仅仅是雪，还包括着人类环境意识的觉醒。

其实，我所谓吃拉面，实际上是想看拉面。听说拉面是人用手拉出来的，其实没见过。我们跟店老爹打过招呼，便进作业间去看做拉面。老大娘在收拾灶火，一个二十来岁的姑娘正在拉面。只见她两手捏一块面团，搓成条，忽啦啦在案上摔抛甩打，在手中悠悠抖动，两手还不时交叉重叠，一会儿工夫，她手中便握了一大把银丝。我们惊讶不已。姑娘稳住气，略显拘谨地告诉我们，拉面拉得好，关键在和面。面和得好，拉起来就容易，也就拉得细拉得均匀。我洗洗手想试一试，姑娘便当我的指导老师。我初上案子不怕丑，模仿姑娘的样子也是拍也是甩，忙乎半天，弄得气喘臂痛，拉了毁、毁了拉，结果拉出来的还是那一大捧小蝌蚪。

记得第一次和还是恋人的妻子乘海轮驶出珠江口，望着浩浩的大海直发呆。未来的妻问，头一回见到大海有何感想？是呀，我此刻该是激动万分高喊一声，大海，我来了！或是作出初见大海时的兴奋状不能自已。谁知面对朝思暮想的大海，我却默默无语。海的博大，海的深沉，海的壮观，足以使一切语言贫乏无力，未见到大海之前的任何想象激情都会在大海面前荡然无存。面对大海，我除了惊叹大自然的创造力外，还能说什么呢？

故乡的竹桥，之所以令人难以忘怀，值得赞美和称颂，就在于她具有默默无闻的奉献精神，无论是春夏秋冬，还是晴天雨里，她都年复一年、日复一日地横卧在河堤两岸，默默地承受着人类的踩踏和重压；她具有无私无畏的自我牺牲精神，她不怕日晒雨淋，不畏洪水冲击，笑迎澎湃的河水，载走人间的哀愁，即使是到了寿终正寝的时候，她也不会给人们提出什么苛刻的要求，纵身跃入河里，无怨无悔地冲向远方。人们称颂她，是因为她面对洪水的威胁，凭着无畏的勇气，把危险留给自己，把安全让给人类，挺起不屈的脊梁，把无数来往的人们载过河流的彼岸，载向希望的田野……

正宗水仙的出众与出色之处何在呢？普通的水仙一般只长三五支花箭，而优质的水仙则可以长出多达十余支花箭，每支花箭又可长出五至七朵甚至十几朵五角形的散发着浓香的杏黄色花束。它的优雅高洁的确堪称国色天香，惹人产生无限爱怜。而最为奇绝的是花工对于水仙的出神入化的雕刻，不仅能雕出“天女散花”、“龙凤呈祥”、“孔雀开屏”等千姿百态的、富于想像力的造型，使水仙展现出满腹锦绣和更加迷人的风姿。而且让我最感惊奇的，花工居然能够控制水仙的生命节奏，想让它在多长时间内开花，它都能让你称心如愿。我的朋友很有把握地说，假如我春节前半个月回京，他可以让我带回经过雕刻的水仙能够在除夕之夜幽然吐蕊。对此我深信不疑，并且因此我也更加喜爱水仙了。我想水仙的这种品性，既美化着人类的生活，也是在同人类进行一种很有趣的对话。

说起“摇钱树”，不能不提“赵银杏”，即这里的镇党委书记赵仁东。这三个字曾经是当地老百姓背后骂赵书记的外号，如今竟成了他们赞颂这位当家人的口碑。原因很简单。“桃三杏四梨五年，要吃白果得百年。指着银杏发大财，怕是想到天上去了。”说白了，老百姓对银杏缺乏认识。务实的“赵银杏”瞅准了发展银杏是条致富路，为了说服群众，他领上骨干人马，带上录音录像设备，到银杏产区取真经、录真话、学真法，回来让老百姓在炕头上看人家是怎样干的，听人家是如何教的。怕有顾虑，镇里的大小干部掏钱入股先建起六十亩示范园，聘来专家干出了样子。一年下来，叶子卖钱，幼苗卖钱，种子也卖钱。一花引来万花开，银杏树成了“摇钱树”，家家有了小金库，“赵银杏”为民致富的梦想实现了。

“四壁峰山，满目清秀如画；一树擎天，圈圈点点文章。”（苏东坡）银杏树，你将展开新的华章。

在大自然中，海是最能引人无限遐思的。自古至今，文人雅士们写下了数不清的关于大海的诗文；多少仁人志士英雄王侯面对大海发出穿透古今的慨叹。历史上魏武帝曹操，大诗人李白，民族英雄文天祥，伟人毛泽东都面对大海思绪万千，写下了壮丽的诗篇。面对大海，贤哲们留下千古不灭的感叹和哲思。历史学家说，大海是一部历史教科书；思想家说，大海是一部思想启示录；军事家说，大海是血与火的战场，铸就一部人类海战史；人类学家说，也许人类就诞生在大海之中；文学家说，大海是美文佳作的源头；艺术家说，他们从大海中获取灵感；社会学家说，大海是人类社会文明的新途径。是呀，覆盖地球表面四分之三的蔚蓝色的大海，的确记载了人类文明的脚步，是一部活的文明史书。世界史上，当人类从陆地走向海洋，创造“蓝色文明”，人类文明史也就揭开了新的篇章。大海是神秘的，大海又是悲怆的，它深藏着无数悲壮的故事和传说。没有人能真正看透大海，就像我们不能彻底了解一个人一样。最令我敬畏的是海的博大，在海的面前，人是多么渺小，面对大海，我们这些凡夫俗子是否可以少点名利，坦然处世？

没见过大海是一件憾事。来看看大海吧，哪怕你面对大海沉默不语。

春天是可爱的吗？特别是在这里，短促的犹如蜉蝣的生命，只一闪，就是烈日炎炎的夏天。

春天是值得留恋的吗？特别是在这里，常常有漫天的风沙，吹干你生命的汁液。

但我还是喜爱它，像喜爱我最倾心的恋人；我还是执拗地追寻它，像追寻早已消逝了的我的童年。

因为再短促的春天，也还是春天，可以看得见积雪里萌生的小草，枯枝上吐出的嫩蕾。可以看见绿色，这生命最基本的色素；可以看见鲜红，这滚烫的血液的火焰。而没有了色彩，也就没有了旋律，没有了诗歌，没有了舞蹈，没有了运动，没有了一切！春天赋予世界以色彩，赋予希望，赋予未来。

再寒冷的春天，也还是春天。只要挺得过那风沙，人们总会脱去厚厚的外装，活动一下僵硬的躯体，唤醒沉睡在灵魂里的种种追求。

因为有了对春天的渴慕，对春天的梦想，我忍耐住了许多许多寒冬。

苏叔阳《春天的梦》

2. 天安门雨夕

文　心

在北京奔忙一天，坐在紫禁城护城河的矮墙上，凡尘落定，赏析这渐入黄昏的气息。

走过东华门，沿高大的宫墙一路踱来，细雨蒙蒙如烟，与护城河水已分不出视觉上的界线，矮墙上圆朗的大理石一片潮湿，清新惹人。坐在上面看水面洇展，柳枝轻垂，角楼幽淡，行人往来异常悄静，没有一丝喧闹的声音。

午门一片人涌如潮，不禁起身随流而进，行

至天安门城洞下人潮穆然而止，越过人群的肩膀只见整齐的枪刺四行排列……人们等待着，雨意渐大，暮意渐沉，人群渐趋庄重，随着一句高亢的喊声，队伍出发了……

“国旗护卫队！我们的战士！我们的战士!!”

广场上，国旗下，赞慕之声不绝于耳。雨水愈发稠了，落在新装饰的大理石地面上，溅起大片撩人的亮色；闪光灯越发密了，照在天空中，映出战士威严的面容；车灯越发频了，衬现人群如雨林立，整个天安门广场呈现一幕绚烂的静穆与庄严。

这时雨伞下面，不只是恋人轻拢，每只伞下都有三五人牵手，这是民族的友爱。也有黄色人伞下倚着白人、黑人……这是世界的和睦。这时看不见一个孩子淋在雨中，尽管抱着孩子的妇女手中没有伞——此时，祖国的花朵在花园，祖国的未来在成长。

收护国旗，整个过程仅用了几分钟，但所有人都经受了最伟大的洗礼，雨丝从战士的躯体透过人群的心底，一直向天安门城楼弥漫开去。

天安门雨夕，没有一句不祥和！

3. 两种绿色

赵先德

第一次到南方的人面对满眼的绿，以及随处可见的鲜花，自然会感到一种赏心悦目、一种新奇。然而住的时间一长，经历了淫雨霏霏连月不开，饱尝过梧桐更兼细雨的冷冷清清，便会不时怀念起北方的朗天丽日。

第一次到北方的人盼望的是能看到一场如席的大雪，然而摊上黄沙蔽日的北风天就觉得像进了地狱一般。

北方的狂放与南方的阴柔或许是两个极端，但细细比较，我却被一种全新的感受震颤。

那是在南方住了半年以后的一个春天，我从满眼绿色的深圳，飞往老家山东。当时，深圳因进入雨季，气温只有二十一摄氏度，身上总觉得被一种潮气裹挟着。飞机掠过泰山，降至济南遥墙机场上空，俯视脚下的原野，便被目及的一切——昔日看惯了的、看厌了的一切惊得目瞪口呆！为了这种发现，我站在飞机舷梯上欣赏脚下的大地足足有五分钟。小麦、杨树、山川，一切萌发着生命的植物都是全新的绿！全新的！只有看到了这样的绿，你才知道什么是生命的勃发。与这样的绿比起来，南方的新旧交替的绿是一种暗淡的，病恹恹的生命。

再看夹在绿色中的黄土地，那种被农人们耕耘过的黄土地，松软、膨胀、勃发，等待着播种，是生命的孕育，是满含欲望的生命！是一块真正的处女地！蔓延着绿欲的地方是没有真正的处女地的。

有了黄色的衬托，绿才更加抢眼。有了绿色中间的空白，人们才注意起生命的原始状态。

错怪秋天的萧煞、冬天的严酷，这是人类易犯的老病。空白与等待是一种孕育，更是一种审美观的考验。

在沙漠中望见绿洲是一种真正的满足，在绿地中看见新绿感受的是一种滋生。由此，沂蒙山区的那位敢说鱼翅与粉条差不了多少的教师，一生省吃俭用积攒下十三万元作为奖学基金决不是傻冒。他渴望的是另一种绿色。

第三章　语　　气

理论提示　语气是指在一定的具体思想感情支配下具体语句的声音形式。由于全篇稿件和整个思想感情的运动状态的要求，由于各个语句的本质不同，语言环境不同，每一个语句必须是呈现出“这一句”的具体感情色彩和分量，并表现为千差万别的声音形式。这里，语气的色彩和分量是语句的灵魂，但必须附着在一定的声音、气息的形式、形态中。语气的色彩和分量，是指语句包含的是非爱憎等。语气的分量，是指要显示出是非、爱憎不同程度的区别，也叫分寸、火候。语气的色彩和分量，以对稿件的精心分析、整体感受为根基，以播音员的真情实感为血脉，失去了这个特点，就会南辕北辙、拔苗助长，离开了具体稿件的宣传目的。语气的声音形式称为语势，是指一个句子在思想感情运动的支配下声音流动的态势，或者说有声语言的发展趋向。语势变化必须建立在主次关系上，建立在感情色彩和分量上，不管从哪个语音要素，就是音高、音强、音长、音色上来看，从气息和口腔状态来看，都不能有某种固定的、到处可以套用的语势。又由于语势是有声语言的一个立体概念，声音形式向强向弱、向高向低、向快向慢的变化，向气息深浅、多少、快慢的变化，和向口腔状态松紧、开闭、前后的变化，几乎同时进行，所以可以说“语无定势”。

一、示例《爱心无价》及分析

爱心无价

一九九六年五月二十八日傍晚，株洲市北区湘天桥市场。

“嘭”地一声，在一幢正在修建的建筑物上，一个人突然从三米高的梯子上摔了下来。四周正在干活的民工急忙丢下手中的活计，围了过去。

摔下的民工叫何伏佑，家住株洲县龙凤乡金福村，是一位无儿无女的孤身老人，早些天刚到城里打短工。

此时的何伏佑躺在地上，血流如注，不省人事。手忙脚乱的民工将何伏佑抬上一块门板，送到附近的株洲冶炼厂职工医院。医生初步诊断为六根肋骨断裂，颅内出血。要救活何伏佑，需要一笔昂贵的手术费，可此刻何伏佑无一亲属在场……

翌日一早，株洲冶炼厂铜分厂青年女工刘良君到医院看望住院的母亲。在医生办公室，刘良君听见医生正打电话给院长介绍何伏佑的病情。她默默退出医生办公室，找到何伏佑的病房，见何静静地躺在病床上，一动也不动，鼻子上插着一根输氧管，嘴微微张合着，似乎在向人求救：救救我，救救我！

刘良君心事重重地回到母亲身旁。母亲见她神色不对，忙问她怎么了，刘良君讲了刚才的事，又说："妈，我想救他。"没想到，母亲点了点头，说："要是钱不够，我的存折上还有几千块钱。"何伏佑老人的不幸遭遇，也感动了这位病中的母亲。"谢谢妈妈！"刘良君说完，跑出病房来到医生办公室。刘良君急切地问道："医生，抢救那位老人大概要多少钱？"医生默算了一下："大概一万元吧。"

"一万？"刘良君惊了一下，这可不是一笔小数目。家中的存款刚好有一万元钱，这可是我们夫妻两人结婚六年来省吃俭用存下的。刘良君想了想，试探性地问道："医生，如果我出一万元钱，你们愿意救他吗？"医生一愣，反问道："你和病人是什么关系？""我不认识他，只是恳请你们赶快救人。"

病人被送入手术室。刘良君焦灼地在走廊里来回踱步。老人能挺住吗？她心里没底。

天色渐黑。手术室的门开了，刘良君急忙奔过去："怎么样?"医生告诉她，开颅手术十分成功，老人脱离危险了。刘良君这才长长地吁了一口气。

看着何伏佑老人已安然地睡着了，刘良君抬腕看了下表，"哦，都晚上十点了。"她这才想起该回家了，可怎么跟丈夫说呢？捐钱救人，是自己的决定，丈夫会不会不理解？想着想着，刘良君的泪珠滚落下来。

这时，刘良君的丈夫商力，风风火火地赶到了医院，见她独自坐在长椅上，急忙问："老人怎么样了?""手术很成功，"刘良君轻轻说道："钱没了，你怎么不怪我?"商力笑了笑，"没事的，再存。"一句话使刘良君的心踏实了。此后整整一个多月的时间，刘良君每天下班后都要赶到离家二十多里远的医院照顾何伏佑。

七月的一天，何伏佑病愈出院。株洲冶炼厂派出了汽车，刘良君夫妇专程送他回家。何伏佑心情很激动。三十多天来经历了生与死的搏斗，不幸之后的大幸，他控制不住自己的感情，两行热泪从眼角滚落下来……

前不久，我们来到刘良君的家。令我们吃惊

的是，这同样是一个清贫的家，值点钱的东西是一台生满锈迹的冰箱，一台黑白电视机。刘良君告诉我们，她和商力每月的收入加起来有一千一百元左右，省一点，三口之家也是绰绰有余的。

忍不住，我们又问起了这个傻傻的问题："花万元救一个素不相识的人，值不值?"

刘良君笑了笑，靠在了商力的肩上："还是我丈夫说得好，钱这东西，生不带来，死不带去，没了可以再存，而生命只有一次，命没了就永远没了。"

刘良君夫妇的义举经新闻单位报道后，善良的人们对他俩给予了高度赞扬，各级组织给予了很高的荣誉。面对多种荣誉，刘良君显得很坦然："当初救何伏佑老人，并没想到要获这样那样的荣誉，现在也没想。当时只是出于同情心。如果不出钱，老人就会死。我想，只要是有良知的人，都会做到这一点。在这点上，我很感谢我丈夫，他很理解我，也很支持我。"

"捐钱救了老人后，我有半个月不敢回婆婆家，怕婆婆不理解。我跟在丈夫后面回婆家时，我的心提到了嗓子眼。婆婆开门没看见我，就问："良君呢?"我说："妈，我在这里。"婆婆一把把我拉了过去，嗔怪道："你这傻丫头，做了这么件大好事也不告诉我，害得我后来才知道。"

婆婆的一席话说得我心也宽了……”

湖南株洲铁路水电段　唐文武　杨林阶　王利君

示例分析

这是一篇新闻故事，采用正序的叙事方法，使我们对女工刘良君思想发展的线索看得较为清楚，层次分析并不难。

一个月收入一千多元的家庭，为抢救一个素不相识的农村老人，妻子拿出婚后六年的积蓄一万多元。妻子的行动受到了丈夫及家人的支持。他们用行动说明一个质朴的道理，那就是爱心无价。

总的感情色彩和分量应该是热情赞扬。但稿件中具体语句的色彩差异还是不一样的，在播读中应能体现出来。如何把握，我们试分析一下。

第二自然段：采用关切、焦急的色彩。第一分句气略上提，在“梯子上”后设一停顿，显示出一种担心的感情色彩。整个句子较为紧凑。

第四自然段：“要救活何伏佑，需要一笔昂贵的手术费，可此刻何伏佑无一亲属在场”这个句子要播得醒目一些。“昂贵”是一个重音，“无一亲属在场”，应带有遗憾的色彩。

第六自然段：“妈，我想救他”这句话应有关切、焦急、祈求的感情色彩，并能显示出肯定的语气。

第七自然段："一万？"吃惊、犹豫、疑虑等感情色彩交织在一起，内心的一种感受，在自问。气略上提，虚声。"医生，如果我出一万元钱，你们愿意救他吗？"应有郑重的热望的感情色彩，问话的方式，语势上扬。"我不认识他，只是恳请你们赶快救人。"应是坚定，恳求的感情色彩。

第十自然段："应表现出一种复杂的心态。看到老人病稳定了，是一种欣慰的色彩，一想到回家，怎么对丈夫说呢？是一种犹豫、疑虑的感情色彩。又想顾着老人，还要考虑丈夫、家庭的情绪，使得刘良君思前想后"泪珠滚落下来"。

第十三自然段："值钱的东西是一台生满锈迹的冰箱，一台黑白电视机。"这句话体现出刘良君的清贫生活，从而更衬托出她的"爱心无价"。值钱的东西，竟是不值钱的什么、什么。应采用一种"悬念"的语气色彩。采用虚、弱的声音形式。

第十五自然段：应用坚定的色彩，体现出句子中的逻辑关系，从而表现出刘良君的人生哲理。

第十六自然段：采用赞扬、挚爱的感情色彩，以肯定刘良君的助人为乐的品质。

二、“语气”文稿练习

1. 和时间赛跑

林清云

训练提示 这是一篇以第一人称叙述的故事，篇幅不长，但寓意深刻，语气变化应比较丰富。

全篇语气的感情色彩应是较为坚定、热望，在具体的语境中，要注意不同的语句所蕴含的思想感情。

读小学的时候，我的外祖母过世了。外祖母生前最疼爱我，我无法排除自己的忧伤，每天在学校的操场上一圈又一圈地跑着，跑得累倒在地上，扑在草坪上痛哭。

那哀痛的日子，断断续续地持续了很久，爸爸妈妈也不知道如何安慰我。他们知道与其骗我说外祖母睡着了，还不如对我说实话：外祖母永远不会回来了。

“什么是永远不会回来呢?”我问着。

“所有时间里的事物，都永远不会回来。你的昨天过去，它就永远变成昨天，你不能再回到昨天。爸爸以前也和你一样小，现在也不能回到你这么小的童年了；有一天你会长大，你会像外祖母一样老；有一天你度过了你的时间，就永远不会回来了。”爸爸说。

爸爸等于给我一个谜语，这谜语比课本上的“日历挂在墙壁，一天撕去一页，使我心里着急”和“一寸光阴一寸金，寸金难买寸光阴”还让我感到可怕；也比作文本上的“光阴似箭，日月如梭”更让我觉得有一种说不出的滋味。

……

时间过得那么飞快，使我的小心眼里不只是着急，而是悲伤。有一天我放学回家，看到太阳快落山了，就下决心说：“我要比太阳更快地回家。”我狂奔回去，站在庭院前喘气的时候，看到太阳还露着半边脸，我高兴地跳跃起来，那一天我跑赢了太阳。以后我就时常做那样的游戏，有时和太阳赛跑，有时和西北风比快，有时一个暑假才能做完的作业，我十天就做完了；那时我三年级，常常把哥哥五年级的作业拿来做。

每一次比赛胜过时间，我就快乐得不知道怎么形容。

……

如果将来我有什么要教给我的孩子，我会告诉他：假若你一直和时间比赛，你就可以成功！

2. 妈妈喜欢吃鱼头

陈运松

训练提示 文章是以第一人称叙述的，故事虽简单但内涵很深刻。

全篇语气感情色彩和分量应是亲切、挚爱的。从我小时候吃鱼头，到看到外婆吃鱼头，再到我成了家以后吃鱼头，语气的变化要贴切，变化要丰富。

在我依稀记事的时候，家中很穷，一个月难得吃上一次鱼肉。每次吃鱼，妈妈先把鱼头夹在自己碗里，将鱼肚子上的肉夹下，极仔细地捡去很少的几根大刺，放在我碗里，其余的便是父亲的了。当我也吵着要吃鱼头时，她总是说：

“妈妈喜欢吃鱼头。”

我想，鱼头一定很好吃的。有一次父亲不在家，我趁妈妈盛饭之际，夹了一个，吃来吃去，觉得没鱼肚子上的肉好吃。

那年外婆从江北到我家，妈妈买了家乡很金贵的鲑鱼。吃饭时，妈妈把本属于我的那块鱼肚子上的肉，夹进了外婆的碗里。外婆说：

“你忘啦？妈妈最喜欢吃鱼头。”

外婆眯缝着眼，慢慢地挑去那几根大刺，放

进我的碗里，并说："孩子，你吃。"

接着，外婆就夹起鱼头，用没牙的嘴，津津有味地嚼着，不时吐出一根根小刺。我一边吃着没刺的鱼肉，一边想："怎么妈妈的妈妈也喜欢吃鱼头?"

29岁上，我成了家，另立门户。生活好了，我俩经常买些鱼肉之类的好菜。每次吃鱼，最后剩下的，总是几个无人问津的鱼头。

而立之年，喜得千金。转眼女儿也能自己吃饭了。有一次午餐，妻子夹了一块鱼肚子上的肉，极麻利地捡去大刺，放在女儿的碗里。自己却夹起了鱼头。女儿见状也吵着要吃鱼头。妻说：

"乖孩子，妈妈喜欢吃鱼头。"

谁知女儿说什么也不答应，非要吃不可。妻无奈，好不容易从鱼肋边挑出点没刺的肉来，可女儿吃了马上吐出，连说不好吃，从此再不要吃鱼头了。

打那以后，每逢吃鱼，妻便将鱼肚子上的肉夹给女儿，女儿总是很艰难地用汤匙切下鱼头，放进妈妈的碗里，很孝顺地说：

"妈妈，您吃鱼头。"

打那以后，我悟出了一个道理：

女人作了母亲，便喜欢吃鱼头了。

3. 暗色与亮色

姜克华

训练提示 这是一篇写“下岗”的小故事。作者写的轻松活泼。但从中可以看出人与人之间的微妙关系中所反映出的善解人意。

全篇语气的感情色彩应是活泼诚挚的，播音时应注意文中所描绘的“师傅”及其它几个人物的丰富的语气变化。

我受一位残疾朋友之托，大老远地跑到老赵师傅的修车摊，想谋篇表扬稿。

我把他的义举往“奉献”的高台阶上引导，意在为文章增些亮色。老赵师傅却一脸苦笑地说：“我老伴没退休费，要多挣钱就得想招儿。您想啊，我白给那位残疾兄弟修车，他肯定替我四处张扬，这就是活广告。明儿您再在晚报上表扬我，找我修车的人还不得排成队。”我不得不叹服他的直率与精明。

正待我斟酌说什么客气话结束造访时，由车摊紧邻的胡同口走出一男一女。一小伙子搬着一辆自行车，跟在他旁边的是一位中年妇女，边走边拍打着裤腿上的泥土。来到车摊前，小伙子指着这辆前叉子撞“背”、车大梁成“弓”状的自行车，喘着气说："老师傅，修这车，'两张'足够了吧！"老赵师傅只草草向那辆车扫了一眼，便说："开什么玩笑？车撞成这模样，20块钱就能打发了？要修也行，交50块钱，还告儿你，车行没有砍价的。"小伙子把掏出兜的20块钱又塞了回去，对中年妇女说："那，咱们还是上交通队吧，怎么说你也是逆行骑车。"中年妇女也不示弱，红着脸争辩道："那条小窄胡同哪标着上下道哪？"我凑到老赵师傅耳边，小声说："您要50块是不是'黑'了点？"他笑了，低声对我说："那小子是开出租的，就这会儿朝他要一百，他也没辙。"老赵师傅的"直率与精明"分明是借机"宰客"。这，冲淡我对他义务为残疾人修车的好感。事主似乎已达成谅解。那小伙子冲中年妇女摆摆手说："就冲您说您是下岗女工，50块钱，我认倒霉了。"

开出租车的小伙子走了。我觉得怪没劲的，也想开溜。可听到老赵师傅和那位中年妇女聊起下岗的话题，倒觉着挺有"新闻"。老赵师傅拿出一条圈型的电机皮带，说："下岗了，没找点事做？"中年妇女说："厂里把我分流到批发市场上班，真不如待在家里拿200来块下岗补贴呢！"老赵师傅把电机皮带拴在一棵杨树干上，笑着对她说："您应当去试试，备不住能淘换出经验，往后自己独挑单干。苦点累点也比受穷强。”

中年妇女皱起眉头：“可我觉得拉不下脸卖东西……”老赵师傅把那辆自行车朝杨树边挪了挪，用胶皮带的另一头套在前车圈上，说：“咱们小民百姓，到哪步就得说哪步。”

我吃惊地望着老赵师傅，咀嚼着他话里的人生经验，一种新的感觉油然而生。老赵师傅拎起补车胎盒边上的铁皮暖壶，对着那辆车的大梁、前叉子撞弯的部位浇了一壶开水，又向我说：“修了8年车，没学这手吧？只有让大梁、前叉子热乎了，才不致崩掉漆皮。”正大梁、前叉，不掉漆皮，似乎不大可能。老赵师傅两腿站在前轱辘上方，两边双手攥着车把，先把自行车往怀里一靠，猛地，他向后一推车把——嘿，前叉子、大梁的弯儿全抻平了！而且，漆皮还真丁点儿没掉。我由衷佩服老赵师傅独到的修车技术，但一想到就这么一拉一推，便狮子大开口，漫天要价，也真有点不大“局气”，太让人联想到“黑”字。

老赵师傅推车下了马路，试了一圈，那车居然可以双手撒把，一点不“跑偏”。他把车交到中年妇女手里，从沾着油污的裤兜里掏出几张10元钞票，点出三张，递给她，“这钱你拿去，修这车就该收20块。”我立在一旁，觉得老爷子真有“稀”的，甚至有点不理解。那位中年妇女道了谢，骑出十几米远又折了回来。“大爷，我听您说的在理，我想明天就去批发市场报到。”我望着她远去的人影，便问道：“你们是街坊？”老赵师傅摇摇头，“我小女儿也下岗了，老百姓过日子不容易。”

4. 小三峡船工

叶金华

训练提示　本文虽然是一篇游记，但却写出了三峡船工对自己家乡的热爱。

全篇的感情色彩和分量应该是赞扬、坚定、热望、乐观。具体描述时，要根据不同情境的特点，语气要有变化，但尺度把握要得当。

夏秋之交的一个早晨，我们在四川巫山港口，乘坐机动小船到小三峡——龙门峡、巴雾峡、滴翠峡去游览。

小船离岸东行，转弯后一直向北，不久就进入龙门峡。为了能够看清它们的全貌，我不顾导游小姐的劝阻，从闷热的船舱走到船头放眼四望，两岸的山峰连绵不断，秀丽多姿，变幻无穷。

小船逆流而上。每到转弯浅水区域，船底都

要从清晰可辨的小卵石层刮过，发出吱吱吱的声响。这时候，两位身穿红衫绿裤的青年船工就奋力地用竹篙撑船，改变方向，使之通过。那位瘦黑精悍的船工费力时就喊出豪迈嘹亮的号子声，还不时唱出一两句歌谣，听来非常悦耳。

许是舱内太闷热，又有几个游人来到船头，或坐或站，赏影拍照。不知是谁向船工打听峡江的地势和险要情况。“……三峡九曲十八弯，过了一滩又一滩，一滩更比一滩难；青滩泄滩不算滩，崆岭才是鬼门关……”黑瘦船工一边撑着船，一边以四川方言念念有词地答道。

见船工说话幽默，谈吐不俗，我们与船工有一搭没一搭地拉话。

他们说自己是纤夫的后代，从小就生长在长江岸边。这里的山山水水，这里的一草一木，都让他们眷恋不舍，虽然世代受穷，但这里毕竟是生养了自己、留下了先人无数足迹的家乡啊。如今，随着旅游业的发展，两岸人民的生活水平有了提高，但贫穷落后的状况还没有完全改变，很多人连大山都没有出去过。

现在，库区人民都盼望三峡工程早日建成。到那时，这里的水位将提高三十多米，景色将会更加迷人，而航道也会有很大改善，再也不会像现在这样水浅、道窄，需要人力撑篙了。山区的旅游业将会更加发达，而人民的生活也将发生巨大的变化。

小船行至巴雾峡，这里的山水更加秀丽，景色也更加迷人。

这时，导游小姐也来到船头坐下。她身段小巧，圆圆的脸，是个典型的川妹子。她说话声音非常动听。船工对我说，我们这位导游小姐歌儿唱得非常好，你可以请她为我们全船人唱一支歌。可导游小姐硬是不肯唱，说是唱不好。

于是，船工就一边撑船，一边用洪亮婉转的歌喉，深情地唱起来："三峡的云哟，三峡的雨哟……"不久船就到滴翠峡了。游完滴翠峡，小船掉转船头，顺流而下，很快返回到出发地。

这次旅游，小三峡的山山水水，给我留下了深刻难忘的印象。而那位热爱家乡、乐观向上的黑脸船工的影子，也时常浮现在眼前。我想，他的家乡很快就会富裕起来的吧。

5. 花之思

黄静芬

训练提示　本文作者对花感慨了一番，"有什么比健康和茁壮更重要呢，对植物而言，对人而言，对人的审美观而言？这是一篇带有议论色彩的文章。

文章由于蕴含着一定的思想，语气变化较为丰富。全篇语气较为平易、温存，充满了挚爱的感情色彩。

春节时，母亲的朋友携儿女来给她拜年，带来一只鲜花篮。朋友走后，母亲将花篮摆在客厅显眼处，不大的客厅立刻亮丽起来。

第二日，母亲的花篮鲜艳如初；第三日，各色花开始微露倦色；第四日，含苞欲放的红玫瑰未开放就萎了；第五日，百合的边卷了，康乃馨垂头了；第六日，黄菊不灿烂了。母亲叫嚷起来：这些美丽的花怎么这么短命？

鲜花都短命，母亲很明白，只是，止不住仍要声声叹息，叹息后，嘱我找个时间买些绢花或干花回来，让客厅明艳灿烂如昔。

我素来不喜娟花，绢花是鲜花的假货，假蕊假瓣假叶假枝，旁枝斜逸插在花瓶里，毫无半丝生命力。我也不喜干花，干花是榨过汁的水果，水灵灵的生机已经消失，又如刚死的美人，不禁让人想起红颜薄命那四个字。而且，我不善养化，莳弄花草的细致，等待花开的耐心，我是没有的。除此，我的本事就是将娇滴滴鲜润润的闺中花儿折腾成一头风霜满面怨恨的少妇。前不久，在漳州一个著名兰花培育基地，面对十多万元一株的线艺兰的嫩芽，我吃惊得说不出话来。花农养兰，胜过养孩子的处处用心。

至今我仍不明白，几年前花市上能够把一株君子兰炒到令人咋舌的天价；目前稀罕品种的兰草价格，两片嫩叶，是穷人家十几年的饭金。那种基因变异病态的兰，鲜绿的叶子呈现白边，甚至褪去所有绿色变成半透明的白，人们引颈欣赏其叶其花时，会一波一波美感汹涌而至吗?

外出旅游的日子里，常常我为一株生长在悬崖石缝中的小树在风里的自在招展而激动，为黄土漫漫的山坡上一丛雏菊适时开放的红白黄紫而惊叹，为一棵寄生在老树高高枝条上的春兰的清芬雅致而停下登山的双足，为在暴风雨中折断根茎俯伏倒地的一片小草而扼腕止步……每每这时，都确定我真正喜欢并且感叹不止的，其实就是大自然中那些生命力极其顽强的野花野草。

天地广大，空气清新，阳光明亮，雨水充沛，寒风呼啸，冰雪暴烈，洪水浸泡，干旱连续，这样物竞天择、适者生存的环境里生长着的或长或短的一世生命，毫无疑问是健康和茁壮的。

有什么比健康和茁壮更重要呢，对植物而言，对人而言，对人的审美观而言?

可是，在嘈杂的城市生活中，大自然的勃勃

生机已如高楼大厦栉比的夹缝中的那轮月亮，苍白、清冷、遥远、不可触及。于是人们把花草搬回家，美其名曰营造绿色，并在闲情逸趣时守着一个花篮、几枝绢花干花、三五盆开花不开花的娇弱植物，从中找着美感。这样，一朵朵鲜花在含苞欲放时被人们用剪子“咔嚓”剪下来，养在清水里，或被制成干燥的花，空运着来来去去，一棵棵小草小树被人从生长之地连根挖起，移植到难得有几丝阳光的高楼阳台，给城市人漂亮、芬芳、艳丽以及片刻好心情，让城市人在失意、孤独、寂寞时能够精神一振，以便重新投入喧嚣红尘，为各自的奋斗目标打拼。然而，生命原始的力量实实在在是从家居的盆花永远找不到的啊！热爱自然，回归自然，亲近自然，决不等于把自然的一草一木养成细细瘦瘦的植物！

6. 地理老师和他的旅游梦

谢志斌

训练提示　终未登上自己梦想一生的长城，对于一位地理老师而言多少有一点遗憾的色彩。愿天下追梦人，好梦成真。

全篇总的感情色彩较为郑重，期待憧憬。在具体的语境中，应把握语气的不同变化，做到贴切、鲜明。

吴老师瘦高个，背微驼，头发银黑杂间，戴缠着胶布、镜片上圈数很多、掉到地上总也摔不破的近视镜。给人印象最深的却还是伸向黑板时青筋条条剧烈暴露的手和四季常穿的“解放鞋”。

吴老师是位全省数得上的教中学地理的高手。接手我们这个高三毕业班时，他已经拎了近三十年地球仪，送走了十四批弟子。

吴老师第一次出现在我们教室门口，手里没拎地球仪，也没拿课本和教案——事实上，他已经用不着带这些了。放在讲台上的是两个硕大、发黄、印有“卷宗”二字的档案袋。

那次，渴望得到应付高考秘诀的我们意外地发现老师并没有先在黑板上来个“一、二、三、四”，而是异常容光焕发地谈起了另外的话题。

老师首先问，谁到过省城，有三五位表示肯定，老师面有笑意，微微地点了点头。接着又问，谁到过北京，默然良久，在老师期许的目光里，终于没有哪位能够一鸣惊人。

“没关系。”老师平静地说，“你们还年轻，还这么小，只要把握现在，努力学习，只要能有出息，将来见大世面的机会有的是。当然，你们学习和研究地理，其意义绝不只是为将来走南闯北提供方便，但是”，老师顿了顿，接着说，“像我，教了三十年地理，连省城都没去过，这不能不说是本人最大的悲哀。”

说到这里，老师微微地低下头去，左手往上扶了扶眼镜，目光转向桌面的档案袋，沉默片刻，老师复又抬头平视：“好在，有那么多的同学为我争了光，全国有十六个省市自治区有我的学生，国家地矿部的一位同学去年春节来信说，他已经跑遍了除台湾以外的所有省市区。有几位同学还去过国外不少地方，他们每到一地，都忘不了给我寄一些有纪念意义的东西，如照片啦、旅游图片啦，还有各式各样的纪念门票。来，大家都瞧瞧……”

吴老师穿行在各排课桌的空隙里，躬下腰来，十分热情地向同学们指出各张图片的丰富内容和特殊含义，在大家虔诚而又钦羡的目光里，老师仿佛自己刚从国外观光归来，开阔的前额洋溢出幸福的亮色，扁小的眼镜滑搭在鼻翼上，深陷的眼睛分明有得意的光彩。

之后，老师挺胸踱步，如数家珍般讲开了他的旅游地理学，从“会当临绝顶，一览众山小”的泰山到“早穿棉袄午穿纱，围着火炉吃西瓜”的吐鲁番；从“世界屋脊”到“地球的肺”（亚马逊河流域）；从长江漂流到北极探险；从旅游资源的开发到生态环境的保护；从中世纪意大利街头的马车到科幻故事中的太空游艇；从那郦道元的《水经注》到马可·波罗的游记……

一张津津乐道的嘴。

一双双聚精会神的眼。

一颗颗如痴如醉的心。

“叮铃铃——”下课铃声骤然响起，老师的话嘎然而止。我清楚地记得，那堂课老师的最末一句话是：

“祖国河山多俊秀。我教了一辈子地理，不知什么时候能出去走走，能登上万里长城。”

此后的一年里，吴老师不止一次地在课上课下表露了过长江、跨黄河、登长城的最大夙愿，而且，我们也弄清了他——一个家庭负担极重的中学教师始终没有实现自己夙愿的原因：既没有机会（公费旅游的机会），也没有条件（自费出游的物质条件）。在我的脑海里，吴老师的“出去走走”已全然不是简单意义上的游山玩水，一个“心中有丘壑，荡胸生层云”、终生执教地理学科的中学教师，面对他所热爱和渴求的一切，只能做无休止的纸上谈兵，如果仅仅说遗憾，于今看来，那显然是不够的。从那个时候起，老师的愿望，自然也成了几乎全班学生的共同愿望。

我的大学是在远离家乡的东北念的。第一次

过长江时，火车刚到龟山，正要心潮澎湃，脑海中突然想：要能把这次机会让给吴老师该有多好。并且，从此以后，我就像落下病根一样地形成了习惯，每遇到关于旅游的美差，比如乘飞机往异地，坐小车奔名胜，住星级饭店，食山珍海味，就必须要念起吴老师，并且自己觉得非常真诚，绝无一点假惺惺的意思。

上学期间，与吴老师常有书信往来，并从中感觉出，随着退休年限的一天天逼近，老师“出来走走”的愿望日渐迫切。1990 年春节回家，未待我去拜望，老师竟满脸喜色地跑来告我：地区教委将于七月份组织部分五十五岁以上的优秀教师去牡丹江市的镜泊湖休养十天。真是天大的喜讯，我们都由衷地为老师高兴，我还决定暑假不回家，在长春等着，陪老师一起去，返回时再到北京登长城。于是，大家都在美丽的企盼中等待七月的到来。然而，六月底，老师来信说“七月东北之行因故取消”，并没说明是何原因。我非常沮丧地回了家，方知是“经费紧张，名额减半”，吴老师“发扬风格”自觉把指标让给了别人。

除了惋惜之外，我们无话可说。但是，我觉得，此次北游未果，对吴老师而言，显然不仅仅是一次机会的失去。希望越高，失望越大，老师这辈子还有什么愿望比“出去走走”更强烈更迫切呢？“希望总比失望多”，但从老师看似无所谓的话语中，能分明地感到令人心酸的无奈和委屈——一个年近花甲的男人的无奈和委屈。

此后，老师在书信中基本上不提他以前设计的各种各样的旅行计划。寒假忙于毕业前的琐事，我没回家，只是接到高中同学来信，说吴老师身体一年来虚得很快，家人建议他提前退休，老师自己不同意。

前年七月，我分配进京，开始了面向全国、马不停蹄的“调研指导”工作。对此，最高兴的显然不是我自己，而是我的老师。自此，我敢肯定老师的两个档案袋充实得比以往任何时候都要快。

又是春节回家，又是老师先跑上门来，又是满脸欣然有喜色。老师说：“我的命还算不错。今年九月份退休，八月份有可能出趟远门，如果能去一回北京，就能登一回长城了。你到时能在吗？”

我赶紧点头：“在的，肯定能在。”

事情还真凑巧，七月底，我们一行20余人的“新港泰考察团”及时回到了北京。未及细细回味东南亚美妙的自然风情，就收到老师来信：

“时下身体每况愈下，尤其是左腿，现已僵麻，手关节疼痛，夜不能眠……上次跌下讲台，出尽洋相。”

捧读来信，半晌无言。我赶紧拿起笔来，想说些安慰的话，然而，垂首半天，只是湿了自己的眼眶。

没了希望，老师，我还能拿什么来劝慰您？

第四章　节　奏

理论提示　节奏，是有声语言的一种形式。在播音中，节奏应该是全篇稿件生发出来的；是播音员思想感情的波澜起伏所造成的抑扬顿挫、轻重缓急的声音形式的回环往复。节奏的运用有一些常见的方法，掌握了它就可以驾驭各类稿件多种节奏的变化了。欲扬先抑、欲抑先扬是一种方法，在有声语言中造成不同层次的抑扬变化。扬到什么程度、抑到什么程度，要具体把握，并不是一高一低、一低一高的单调变化。欲慢先快，欲快先慢，也是一种方法，它包括慢中有快，快中有慢。运用这些方法时，应该努力做到“慢而不断”、“快而不乱”。欲重先轻、欲轻先重，又是一种方法，因为轻重相间，是形成节奏的重要方法。轻，不能一轻到底、一虚到底，如像害怕别人听见，好像担心听者受惊。如果轻重关系处理好，节奏的多样性才会显示出来。从另一角度看，加强对比、控纵有节，尤其应该成为一种常用的方法。对比，包括了抑扬、快慢、轻重的对比，同时也是一个诸种因素交错对比的问题，如上一层和下一层的对比、上一句和下一句的对比，色彩对比、突出与削弱对比等。当然，对比不是差别越大越好，而要控纵有节，既不使它悬殊，又不使它模糊。

停连、重音、语气、节奏四者是互相融合、紧密联系，在播音中综合起作用的。无论就一篇稿件，还是就一个句子，表现在声音形式上都有这四种技巧的作用。我们不能孤立、各自为战的去运用它们。

一、示例《春》及分析

《春》主要表现春的景象，盼望春的心情和对春的赞美。

这篇散文的节奏类型属于轻快型。在轻快型句段中间又有少量的非基本类型“舒缓型”的加入。轻快、舒缓，大量的是轻快，少量的是舒缓，交错变化，构成了《春》的回环往复的节奏。这个特点，无论在分析理解时，或是表达中都要重视。

播音时还要注意层次的变化。春的景象，大致的轮廓是什么样的，山怎么样，水怎么样，太阳怎么样，这些都可以显现出春的景象的。接着出现几幅鲜明的画面，那是草、花、风、雨。下面又是人的活动的画面，表现了人们的愿望。最后便是对春的歌颂了。

春	分析
盼望着，盼望着，东风来了，春天的脚步近了。	表现了对春的盼望，拟人的写法表现了殷切的心情。舒缓型，为下面轻快型作铺垫。
一切都像刚睡醒的样子，欣欣然张开了眼。山朗润起来了，水涨起来了，太阳的脸红起来了。	春天景象的总体轮廓，用山、水、太阳的色彩和动态去表现。轻快型，程度稍轻，递进的形态。
小草偷偷地从土里钻出来，嫩嫩的，绿绿的。园子里，田野里，瞧去，一大片一大片满是的。坐着，躺着，打两个滚，踢几脚球，赛几趟跑，捉几回迷藏。风轻悄悄的，草软绵绵的。	表现春草的特点，同时写到人的活动，写到风，以衬托出草的可爱。此段舒缓型与轻快型交错使用。

桃树、杏树、梨树，你不让我，我不让你，都开满了花赶趟儿。红的像火，粉的像霞，白的像雪。花里带着甜味儿；闭了眼，树上仿佛已经满是桃儿、杏儿、梨儿。花下成千成百的蜜蜂嗡嗡地闹着，大小的蝴蝶飞来飞去。野花遍地是：杂样儿，有名子的，没名子的，散在草丛里像眼睛，像星星，还眨呀眨的。	表现出明媚的春光，用花来显示。蜜蜂、蝴蝶是衬托。桃儿、杏儿等是春花到秋实，表现春天蓬勃发展的力量。整段为轻快型。
“吹面不寒杨柳风”，不错的，像母亲的手抚摸着你。风里带来些新翻的泥土的气息，混着青草味儿，还有各种花的香，都在微微湿润的空气里酝酿。鸟儿将巢安在繁花嫩叶当中，高兴起来了，呼朋引伴地卖弄清脆的喉咙，唱出婉转的曲子，跟轻风流水应和着。牛背上牧童的短笛　这时候也成天嘹亮的响着。	此段与下一段，分别写风和雨，风是轻柔温暖的。并且还写了别的景物，如泥土气息和青草味儿等，都表现了抒情的色彩。应是轻快型中也交织着舒缓型。

雨是最寻常的，一下就是三两天。可别恼。看，像牛毛，像花针，像细丝，密密地斜织着，人家屋顶上全笼着一层薄烟。树叶儿却绿得发亮，小草也青得逼你的眼。傍晚时候，上灯了，一点点黄晕的光，烘托出一片安静而和平的夜。在乡下，小路上，石桥边，有撑起伞慢慢走着的人，地里还有工作的农民，披着蓑戴着笠。他们的房屋，稀稀疏疏的。在雨里静默着。	此段主要写了雨。也结合写了雨中的树叶和小草以衬托雨的美。 此段为轻快型但不时与舒缓型交错的。以为下一段作铺垫。
天上风筝渐渐多了，地上孩子也多了。城里乡下，家家户户，老老小小，也赶趟儿似的，一个个都出来了。舒活舒活筋骨，抖擞抖擞精神，各做各的一份儿事去。“一年之计在于春”，刚起头儿，有的是工夫，有的是希望。	主要表现人们的活动，孩子们的游戏以及各种人的工作。以轻快型为主，程度稍中。以显示工作中的愉快。

春天像刚落地的娃娃，从头到脚都是新的，它生长着。 春天像小姑娘，花枝招展的，笑着，走着。 春天像健壮的青年，有铁一般的胳膊和腰脚，领着我们上前去。	这三段是对春天的歌颂，这是以上各段具体记叙的基础上对春的歌颂、抒情，以赞美春天。这三段为轻快型，三段可分别用轻、中、重度来表现。

二、"节奏"文稿练习

1. 麻雀

训练提示 本文通过"护犊之情"，赞扬了伟大的母爱，从大量的紧张型句段看出，应属于紧张型的节奏，但应与少量的舒缓型的节奏交织在一起，以显示其变化，同时也构成了回环往复的节奏变化。

我打猎回来，走在林荫的路上，猎狗跑在我的前面。

突然，我的猎狗放慢脚步，悄悄地向前走，

好象闻到了前面有什么野物。

风猛地摇着路旁的白桦树，我顺着林荫路望去，看见一只小麻雀呆呆地站在地上，无可奈何地拍打着小翅膀，它嘴角嫩黄，头上长着绒毛，分明才出生不久，是窝里摔下来的。

猎狗慢慢地走近小麻雀，嗅了嗅，张开大嘴，露出锋利的牙齿。突然，一只老麻雀从一棵树上飞了下来，像一块石头似地落在猎狗的面前。它蓬起了全身的羽毛，样子很难看，绝望地尖叫着。

老麻雀用自己的身体掩护着小麻雀，想拯救自己的幼儿，可是因为紧张，它小小的身体发抖了，发出嘶哑的声音，它呆立着不动，准备着一场搏斗。在它看来，猎狗是个多么庞大的怪物啊！可是它不能安然地站在高高的没有危险的树枝上，一种强大的力量使它飞了下来。

猎狗愣住了，它可能没有料到老麻雀会有这么大的勇气，慢慢地，慢慢地向后退。

我急忙唤回我的猎狗，带着它走开了。

2. 任志庆双手接落童

训练提示　本文赞扬了任志庆等人舍生忘死、助人为乐的英雄行为。短短几秒钟内决定一个孩子的生死，情节本身就产生了悬念，紧张的让人透不过气来，选择紧张型的节奏类型再合适不过了。当然“雨过天晴”又是一番景象，结合舒缓型节奏，就构成了本文的回环往复。

连医生都不相信：四岁半的男孩刘帅从15层楼上跌下，在生命即毁之际，却被一双普普通通的手挽救了。

前天下午5时15分，朝阳区六里屯住宅里，一阵孩子哭喊声从高空传来。

楼远处的人们闻声望去，只见一个胖墩墩的孩子躺在了4号塔楼15层的窗台上。有人不禁惊呼：“别迈腿，快回屋！”没想到，不懂事的孩子反而把另一条腿迈出了窗台，接着又往外一滑，返身双手扒在窗框上，身体悬在了半空中！

这个小男孩名叫刘帅，住在15层6单元，当时他妈妈出门倒垃圾，一阵风把单元门撞上，屋里只剩下小刘帅一人。焦急万分的妈妈一边敲门一边喊：“你在屋里等着，我去姥姥家取钥匙千万别动弹！”

正在他妈妈飞跑着去同住一幢楼的姥姥家取钥匙时，在楼外的人们看见一场撕人心肺的悲剧就要发生了。楼下的人们惊呆了，几个乘凉的老太太吓得用手紧紧捂住了双眼……

此时，北京荧光灯厂31岁的工人任志庆和妻子带着两岁的儿子照完生日照片正路过此处，一看到摇摇欲坠的孩子，任志庆不禁大喊一声："不好!"随即把自行车和坐在后衣架上的孩子往妻子身上一推，疯了似的飞向4号楼。

与此同进，楼区另一侧，一位不知名的小伙子也伸臂奔来!

一秒、二秒、三秒……只见悬在高空的孩子挣扎了几下，随着一声惨叫，从40多米的高空重重摔下……

孩子"自由落体"坠向地面。任志庆像箭一样冲向孩子的落点。

十分之一秒、百分之一秒，就在孩子落地的刹那，任志庆伸出了双臂。孩子带着几百斤的冲击力，重重地砸在了他的前额和身上，顺着他的面颊滑下落在了他的双臂上，随之和他同时摔倒在地。孩子还在哇哇大哭，任志庆却昏死过去，鲜血从他身上流出。

同时跑来的那位不知姓名的小伙子窜上来抱起孩子，喊住一辆过路汽车，直奔医院。等孩子得到救治，他又赶回刘帅家报了信儿，便悄悄离去，最终也没留下姓名。

又拦住一辆汽车，抱起浑身是血、昏倒在地的任志庆送往医院救治的人们，同样没有一个留下姓名。

现在，小刘帅转到北京儿童医院治疗，已经没有生命危险。

任志庆经抢救也脱离危险，但眼睛充血，鼻梁骨被砸裂。他用手挡着接孩子时被砸肿的手臂腼腆地对人们说："我当时看见孩子扒在十五层楼的窗台上，太悬了。什么也顾不上，就想着把孩子接住。"

刘帅的姥爷刘志强指着任志庆说："他是我外孙子的恩人，是咱身边的活雷锋啊!"

3. 十渡山水

训练提示 本文是一篇游记，人、景水乳交融，处处有山川之精灵，处处有我之沉醉。舒展从容地叙述，细腻有趣地描绘，以展示字里行间中心灵与自然的和谐与碰撞。

有人把都市比作一座钢筋水泥结构的丛林。正当一双眼睛倦怠了这灰色丛林的单调色彩；疑惑桔色工业烟雾背后的太阳究竟是什么颜色时，十几个学生打起背包，想去看看真正的太阳、山川、森林。

然而这趟火车的旅行全无余光中欣赏的"倒

骑铁镘进入科隆”的豪情；却让我体验了《雪城》里印入记忆的拥挤、污浊与疲惫，竟呼吸着车厢里浑浊的空气睡着了。

突然被同座推醒——不觉间已到了目的地。赶紧收拾“随身细软”，挟裹在人流里挤下车来。呼朋引伴，召唤集合的叫声在站台此起彼伏；我寻着“北外在这儿”的喊声走过去，努力辨认着四周模糊的人影。夜风里有种陌生而惬意的气息扑面而来。

火车又缓缓启动了，驶入茫茫的黑夜深处。整个小站突然空旷下来，显得大了许多。我愣愣地站在原地——正对着自己，深蓝雄伟的山的躯体静静地躺在月光下，一片村庄疏落的灯光俯在它脚边。火车撞击铁轨的声音远去，消失在夜色里，四周回响的风是山峦平缓而深沉的呼吸。就这样，我们已经被完全包围在山的气息里，那里蕴含着泥的馥郁，草的清新，树的芬芳……

跟着向导，一行人沿着蜿蜒的黄土小路走入村庄的睡乡里去，一路在身后投下斜斜的影子，惊起了老树上栖息的鸟，从月色中掠过惊鸿一瞥的黑影。“明月别枝惊鹊”大概就在若干年前的今夜，从诗人口中悠悠吟出。村庄酣睡在山的怀中，恬静、宁适。路中经过带着柴扉的院落，门里透出低低的犬吠。一切在月光的柔和下都淡去了警惕、喧嚣，在山影的映衬下加深了平和、沉蕴。

凉意袭人的夜风吹走了睡意，同学们在宿地不远的河岸边燃起了篝火。凭水临风，欢声笑语，当然还有烧烤美味，传向远方。河滩上还有几处火光，随风飘来的吉它声告诉我们那里也是从都市来寻找自然的学生。扔一颗石子，黑夜的河荡碎了满天星空……

兴奋了大半夜，烤香飘散，人们归去。此时月亮正沉下来，天边一颗启明星已跃出了河流与地平线交汇的界际。

清晨鸡鸣时，两辆马车已踏朝露上了路。昨夜月光下的群山是蓝色，太阳的伟力又让它们过渡成青翠；夜晚它们展示的是神秘，而白昼它们又呈现出迫人的伟岸。

十渡，北方桂林的气魄在于山。

奇峰突起，翠色逼人；高崖低谷，俯仰有致。重峦叠嶂回环往复，仿佛一首诗一嗟三叹，反复咏唱，余韵悠然。置身青山翠谷间，纵情呼喊一声，回声回荡连绵，原来自然之中也藏着这么多自己，欣喜之余平添一份慰藉——谁说世上只有孤独的我自己。攀上奇峻的“一线天”，仰头膜拜，宇宙凝缩为一条金色光芒的丝线，不禁怀着敬畏之情轻轻叹息。

静静倾听，除了山风，还有什么在山外回响——对了，是波涛。

十渡，北方桂林的灵魂还在于水。一川如画，徐徐展开她的万种风情。群峰之间，江流曲折，风景常新。峡谷中水流湍急，河水奔涌如青白的绢索，色泽稍深的漩涡是绢上的花纹；到了开阔的河谷，河流雍容踱步，波浪挟带岁月恒久的力量，洗涤出河滩上一粒粒光滑的卵石；偶有被山峰拥抱起来的湖湾，水流缓滞，凝成深碧，又吸摄了四周山壁的青翠，绿得几乎要把人的瞳孔浸染。同学们争相跳上窄窄的竹筏，长篙一点，逆流而上追溯这湖水的源头。竹篙轻点处，敲碎了一潭绿玉，更把天上白云揉碎在浮藻间。“寻梦？撑一支长篙，向青草更青处漫溯，满载一船星辉，在星辉斑斓里放歌。”

张九龄诗中“灵山多秀色，空水共氤氲”正可形容十渡的灵秀，在即将登上返回都市的火车时我脑海里突然浮现出这么一句。别了，这一方明净山水，我带着清洗后的心肺和被滋润过的眼睛离去，但愿你山长青，水长绿……

4. 西湖听雨

靳国君

训练提示　本文是一篇散文，层次清晰、文笔流畅。毛毛雨、小雨、大雨依次展示开来，使西湖更显“碧玉般洁净，兰花般可爱”，舒缓从容的节奏中，应有紧张型的变化。

西湖的雨千姿百态，梳洗着西湖的美，孕育着西湖的神韵。

今年3月下旬的一天，到西湖，在湖畔刘庄沿着园林里的回廊漫步，毛毛细雨下个不停，无声、无影、无形，悄悄地落到树上、草上、花上。伸手回廊外，只感到微微湿意。身在个中境界，回味“沾衣不湿杏花雨，吹面不寒杨柳风”诗句的味道，颇感贴切、传神。不过这儿只有“沾衣欲湿杏花雨”，不知“吹面不寒杨柳风”已吹到关山何处。正开着的杏花，雪白雪白的，在绿树丛中显得分外娇美。细雨在花骨朵上凝聚出一颗颗小水珠，晶莹闪亮。树叶上的水珠颤颤巍巍，不时滚落下来。远山近水、亭台楼阁，一片静谧，享受着毛毛细雨的爱抚。西湖水面无波，岸边垂柳婀娜，少了几分明丽，多了几分含蓄。毛毛细雨缓缓地下着，像是个多情的含羞少女，藏在树后、花下，悄悄地点染着湖山。这是一种轻柔的美，滋润人、涵养人，人的五脏六腑和四肢仿佛也和花草树木一起，植根湿润的泥土，承受大自然的挚爱，呼吸着草木的幽香，心灵和毛毛细雨相融合，化入空灵的绿色世界。

夜晚下起小雨。拉开窗帘，推开窗户，流进凉爽的柔风，飘洒进点点雨珠。望西湖，成串的灯光倒映水中，不甚分明，但闻雨声沙沙。小雨紧一阵缓一阵，雨声重一阵轻一阵。窗下的树枝，在小雨中微微颤动。小雨变得淅淅沥沥时，听得见房檐上、树上的水珠落在水泥地上和西湖边上的“吧嗒吧嗒”的声音。丝丝缕缕的小雨，把西湖的夜景也模糊了，苏堤只露出一条若隐若现的黑影，湖对面岸边的灯光疏疏落落，眨着眼睛。水天在小雨中显得悠远、神秘。小雨的美和西湖夜景的美交融在一起，是浑然一体的朦胧美。这小雨的沙沙声、淅沥声，把人带到朦胧世界，雨也朦胧，景也朦胧，人也朦胧。在朦胧的小雨声中，进入朦胧的梦乡，领略“小楼一夜听春雨，深巷明朝卖杏花”的意境。

西湖的大雨别是一番景象。有一次来西湖是6月，正是“黄梅时节家家雨，青草池塘处处蛙”的有诗有画季节。平时小雨不断，难得晴天，晚间蛙声聒耳，也是一种情趣。一天早晨过后，小雨越下越紧，忽然间大雨哗哗声由远而近，瞬间天如倾盆，雨如瓢泼。好像一幅水墨画的西湖，被冲洗得只留下淡淡的轮廓，湖上、湖旁的雨脚激起一团团白色水雾，向上升腾，四处弥漫。大雨张起千百张雨幕，垂天而下，忽东忽西飘动。只一会儿工夫，西湖不见了，芭蕉不见了，各色草木全不见了，只有大雨在泼洒、在跳跃，天地间烟雨茫茫，茫茫烟雨。这美是很奇特的，这是迷茫的美？它使人跃跃欲试，多想投身这迷茫的大雨之中，去探寻个究竟。这是虚无飘渺的美？世界在瞬间消失了，只有大雨搅得周天发出巨大的哗哗声。西湖安在？青山安在？游船画舫知向谁边？

待雨过天晴，被大雨洗涤一新的西湖，重又出现在蓝莹莹的碧空下，变得丰姿绰约，宛若刚出浴的美人，碧玉般洁净，兰花般可爱，亭亭玉立，脉脉含情。人的一切烦恼和杂念也被冲洗得干干净净，灵魂在明丽柔媚的美中，又和万物一起回到这亮丽的世界中来。

5. 东方：肩负史诗的攀登

刘　虔

训练提示　本文为诗歌体。“中国团队将跨越所有阻隔，正攀登一座座崇伟的高峰”，何等的壮志，何等的决心。高亢型的节奏正是表现此种气势的惟一选择。语气有力，高昂中透出一点舒缓。

如飞峙在海天之间惊涛拍击的帆阵樯林，思想，从所有的心灵上决然奋起。

旗帜展开了道路，展开古老山河的青春和求索百年血汗涔涔的强国宏图。

这是震撼着时间之谷的东方的长旅，纷纷扬扬，叠印着矫健的脚步。

中国团队，在世人瞩目和先人的祝福里，正攀登一座座崇伟的高峰……

世纪的黄昏迎着世纪的黎明，我们的征衣落满昨日的风雨。

城市歌唱着，伴着鲜亮的草地和脚手架走出封闭的寂静。

乡村的日子因有机声喧哗而储满阳光。

江河呼啸，是潜入大地织造芬芳和绿荫的血液。

苍穹在梦幻般的深邃里怀抱着惊雷孕育的恬适与浩瀚。

渴望的心不断编织故事，把种子撒进泥土。

繁花是时光的音乐，在肃穆与欢腾中开放。

用智慧的膂力、英勇的牺牲和不屈的信念支付的黄土地呵，

正喷薄着震烁千古的秋日丰稔的火焰。

岁月，已灿然融入照亮山巅的新世纪的曙

光。

“前方，前方，纵有荆棘丛丛，

但我们有幸，已经拥有道路如风；

这是英雄与力量的新的集结，

只为了思考再一次壮美的进军……”

此刻，历史老人屏息聆听这华夏心声，

明亮的双眸回映着一片节日的风情，那气贯长虹的光荣：

但见高山仰止，风月无边，参天大树林立于苍茫神州；

从艰辛的源泉收获欢乐——这就是今天对于明天的坚贞允诺，

肩负着史诗的年代，中国团队将跨越所有阻隔胜利的沟壑与峰峦……

6. 家住地球村

韩庆元

训练提示　本文为诗歌体，“家住地球村”的题目就有一种高瞻远瞩之势，朗读亦博大、高远。基本语气应爽朗、高昂。

长江黄河琴两把

五湖四海舒广袖

我是中国人

　　家住地球村
门前的花木鸟儿
　　常年啁啾
大山飞瀑峰转路回
太平洋精深博大
　　盛载万卷春秋
地中海气象万千
　　百舸争流风云际会
我的村庄家园
　　不是只属于人类
没有树林就没有水土
有限的水土滋润
　　无限的生活
鹿鸣梅香使岁月
　　有声有味

太阳从东方升起
日落西方红霞醉
我是中国人
　　家住地球村
天上的北斗星光千古闪烁
人间灯火顾盼生辉
不同的肤色语言
　　肝胆相照相呼

五大洲兄弟姊妹
　走向和平走向优秀
我的村庄在开拓
　新纪元的新路轨
没有劳动就没有文明
古老的文明扶摇
　飞天的翅膀
现代风流在网上旅行漫游

啊　世界屋脊放眼量
水潇潇　山巍巍
每一片乡土都吐香流芳
一草一木都神圣宝贵
江河为我流长久爱长久
宇宙有亿万位嫦娥
　亿万星座
地灵人杰万类竟自由
啊　我的家园连天广阔
我的村庄多么富丽多么美

7. 反哺的燕子

甘茂华

训练提示　本篇是散文体，42岁考上师范的父亲，竟无学费，所以请自己的女儿“反哺”。全篇忧郁、凄清，但又透着一种伤感的美丽，采用低沉型的节奏类型，会给受众一种沉缓的感受。

那是川鄂交界处，苍苍莽莽的深山老林之中，掩藏着一个土家族人聚居的叫作汪营的小镇。汪营镇有个鹞子池村，在整个利川市版图上，它只能算是对襟衣上的一粒盘扣，又好似飞在群山间的一只鹞子。

鹞子池村很古老也很简朴。秦大华很贫穷也很富有。他穷得读不起书，十九岁便因家贫而辍学。他富得像个果园的主人，二十三年教师生涯，育得桃李芬芳满山乡。

秦大华给人的印象是一个淳厚质朴的山民。他边教书边种地，每天忙得团团转。种了苞谷又种洋芋，喂了猪再喂鸡，教了书又看书，下了课再改作业，常常是起早摸黑，累得筋疲力尽。累点苦点都没有什么，秦大华最大的遗憾是自己书读少了，知识不够用了，倘若能进校重修学业，那就是一生的幸福。他在沉重的生存和艰难的生活中，憧憬着，准备着，梦想有朝一日去赶那个遥远而美好的路程。

他的女儿秦燕子，由于家境不好，他又管得少，因此书没读好，连高中也没考上，只好随民工潮到南方打工去了。这始终是秦大华的一块心病，每每想起来就觉得对不起女儿。飞出鹞子池的小燕子啊，如今你在哪棵树上落脚，你懂不懂天下父母的心呢？

天意怜幽草，人间重晚晴。这古诗竟在秦大华身上应验了。他四十二岁时，考上了鄂西山区的建始师范学校。夙愿得偿，秦大华自然是喜出望外。然而，夜深人静时，他却耿耿难眠。几千元的学费从何而来？仅凭民办教师那几个少得可怜的工资，既要养家糊口，又要读书求学，不是“蜀道难，难于上青天”么？

借钱吧，远亲近戚，左邻右舍，虽说这几年日子好过些了，但也并不宽裕。放弃吧，过了这个村，就没有这个店，或许这一辈子就这一次难得的机遇了。思来想去，万般无奈。他想到了女儿。于是，给女儿写了一封信。他后来回忆起那个万籁俱寂的山乡之夜，夜凉如水，有几颗星星在被群山挤出一线天上忧郁地闪烁，竟有几分凄清和伤感的美丽。

燕子的信和汇款是同时收到的。这封信后来被一位热心的通讯员发现，以《反哺》为题写成一则短讯，发表在省报头版头条上。信不长，但儿女情长，字字句句饱含着至爱亲情：

敬爱的爸爸，欣闻您考上了建始师范，女儿

好高兴，女儿用泪水与您共享喜悦。您用常人无法想象的努力与艰辛为自己争了一口气，也为我们树立起了人生的榜样……回想过去，您卖了年猪和口粮供我们上学，我们却不争气，在您和妈妈的“强迫”下才读完了初中，现在我好后悔！

爸爸，您为我们一家，为了乡村里的穷苦孩子，付出的太多太多，二十三年的民办教师生涯，是您热爱教育事业、献身教育事业的明证。今天，在您四十二岁的时候，还能有机会去深造与学习，我真为您感到骄傲与自豪！

至于读书所需的学费，您不用着急，我已经给您寄回来了！这两年，我在外面打工，攒了一些钱，全给您寄回来，供您报名入学之用。

您不能不收！因为这些钱是您苦心培育的女儿用勤劳的双手积攒的，它本来就是属于您的。往后，我会按时把钱寄回家，您就只管安心读书，别的都不用说，就算这是女儿对您养育之恩的一点回报吧！

秦大华读着信，眼泪大颗大颗地往下掉。燕子的形象，燕子的生命，都定格在这封充满亲情的信里。

8. 生命因爱而动听

小　帅

训练提示　这是用第一人称叙述的爱情故事，它赞扬了男女主人公对爱情的忠贞不渝，同时亦赞扬了他们品德、人格的高尚。全文略显沉重。用声应偏暗，选择低沉型的节奏类型较为合适。

这个故事在我心底已深埋多时。

寒假的时候，我从重庆到湖北宜昌的表姐家过年，船舱内空气混浊，于是晚饭后便到甲板上去吹风。

在清冷黑暗的船尾，我突然听见背风的一个角落有人在低低说话。借着船桅上微弱的灯光，我看见一个很可爱的小姑娘，恬静的脸上眼眸流动，一位中年男人正拿着玉米团子往孩子嘴里送。由于天冷，这团子已冻得干硬，但孩子还是吃得很香。我忍不住走近这个男人，他虽然穿着在民工中很常见的旧军装，但举止间流露出浓浓的书卷气。他们买的票是最便宜的“散铺”，只能呆在船的甲板上。我很快跟他攀谈上了。当他知得我在成都四川大学念书时，一下子变得亲切起来。“妞妞她妈妈也是川大的。”他说。我很高兴终于找到个谈论的话题，忙问："她怎么没来呢?"没想到他马上沉默地低下头。过了半晌，才听他幽幽地说："她在这条江里……"于是，我听到了一个美丽的爱情故事……

他是在嘉陵江边一个穷困闭塞的山村中长大，在乡亲们的扶助下，后来终于考上了成都的西南师范大学。就在那时，他认识了一个让他此生无憾的女孩——上海某大学教授的掌上明珠。女孩当初由于向往巴山蜀水，便考川大。后来，这个从未体味过贫穷滋味的大城市女孩成了"土气"的他的女朋友。他们爱得很投入，但毕业时两人却吵翻了——他不愿留在成都或去上海，而是选择到家乡一个破旧的乡村中学教书。只有他才懂得那片故土对自己的意义——他是靠乡亲们接济才完成学业的。女孩一气之下回到了上海。但两年后，从未再通音讯的女孩突然出现在那所乡村中学的校门外。结婚那天，她只告诉喜从天降的新郎："是爱让我无法逃避!"

从此，那里的孩子们多了一位女教师。一年后，学校琅琅书声中又加进了婴儿的啼哭声。他们一直过得很幸福。直到有一天，妻子不放心冒着倾盆大雨上学的学生，赶到江边接送，不小心滑进了浊浪滔天的嘉陵江，再也没有回来。他发疯似地沿着江向下游找了半个多月，却空手而回。

他只有从越长越像妈妈的女儿身上才能排遣自己对妻子的思念。他把钱节省下来，为的是每年到这个时候，买两张船票从重庆出发，顺江而下直至上海。“妈妈就在这条江上。”他这样对女儿说。女儿很懂事，在整个旅途中，她常常悄悄地跟“妈妈”说话。“妞妞相信妈妈会听见她的话。”做父亲的怜爱地望着女儿。

说话间，父女俩从篮里轻轻地捧出一只只脐橙，起身到船尾的栏杆边轻轻地放入江水中。

我无言地看着这一切，心里有说不出的感动。

甲板上风越来越大，我要小女孩进我的舱铺上去，父亲征询地看着女儿，妞妞很坚决地摇了摇头。我没有再勉强。

第二天时近中午我才醒来，发现船已停在葛洲坝水电站，正等着水位降低后通过大坝。船舱里人声嘈杂，准备在宜昌下船的乘客忙着收拾东西。我突然看见自己枕边放着一个小小的包袱，打开一看原来是几只圆润饱满的脐橙和一捧红枣。邻铺的一位大婶告诉说，这是早上一个男子和一个小女孩送来的。直到踏上码头，我再也没看到他们的踪影。

几年来世事纷纭，身边的同窗好友结婚、离

婚，恩恩怨怨，自己爱过的人也早已到了大洋彼岸。但长江上偶遇的那位中年男人和他的故事，就像沉入海底的“泰坦尼克号”一样，虽了无痕迹却绝不会在记忆中消失。它让我相信，人世间，至死不渝的美好爱情是真的存在的！

9．军礼

训练提示　“军礼”一曲悲壮的哀歌，亦是一曲对红军战士的赞歌。基本语气及基本转换应凝重，并透出一种庄严、肃穆。

鹅毛大雪在银色的苍穹，飞舞着，飞舞着。天很沉重，风很沉重，雪很沉重。

一支由军长亲自率领的红军队伍，冲破了敌人的枪林弹雨，在艰难的行进着。气温骤然降到零下 30 多度。茫茫风雪中只见那红色的帽徽像一颗颗火种，在闪闪的跳动，跳动着……

突然，队伍停了下来。前面有人喊：“有人冻死了！”军长一愣，疾步朝前走去。在一颗高大的松树下，一位战士背依着树干，坐在雪窝里一动也不动。他的左手夹着半截子用树叶卷成的烟，小心的放在胸前，仿佛在这最寒冷的时候，还在渴望着一支烟的温暖。他的右手握着一个小纸包，脸上还挂着一丝已经冷却了的笑容。军长忍住心头的悲痛打开了纸包，一颗红红的小辣椒跳入了军长的眼帘，这是辣椒吗？不，在这寒冷的时刻，这是温暖，这是希望，这是生命啊！军长的眼睛也湿润了，他用颤抖的手轻轻拂去战士肩头的积雪，突然他惊异的发现，那位战士穿的是那样单薄，单薄的如同一张纸裹住那瘦弱的身躯，棉衣呢？为什么没有发给他棉衣？军长火冒三丈，两眼发红，大声吼道："给我找军需处长！"警卫员愣住了。"给我找军需处长！"队伍里没有一个人走动。

军长发火了"给我找军需处长！"警卫员再也忍不住了，说："报告军长，他就是刚刚任命的军需处长。"

军长愣住了，他望着冻僵的军需处长，眼泪不由的流了下来，他用仅有的几根火柴，慢慢点燃了军需处长手中的半截烟又把那颗红红的小辣椒高高的举过头顶，就像举起了一把火焰，照耀着前程。然后向着军需处长缓缓的举起了右手，紧接着一支又一支的右手在缓缓的举起，举起……

狂风呼啸，大雪飞卷，如同一曲悲壮的哀歌，久久，久久回荡在雪地

10. 男子汉的泪

训练提示　本文是诗歌体，男子汉掉泪并不显示软弱，而是在人生道路上拼搏的前奏曲，也是在受伤时的抚慰，凝重型的节奏，可显示出男子汉的气度与刚强。

绝不是由于软弱，
也不曾有过后悔，
但我时时都想掉泪。
思索，再思索，
只因为品尝的太多，
那苦涩而又辛酸的滋味，
每一次沉默后的崛起，
每一次久别后的欢会。
饥渴时，朋友分我半杯粥，
寒冷时，亲人送我一张被，
得意时，那谆谆的教诲，
受伤时，那柔情的抚慰。
所以，我总在体会——
才知道什么是我一生的珍贵，
所以，我总在准备——
去潇潇洒洒的哭一回！
于是，

我仰天大笑，我热血鼎沸；
我长歌当哭，我撕心裂肺。
人生能有几回搏，
人生能有几回醉？
男子汉就要辛辛苦苦的拼搏，
男子汉就要痛痛快快的掉泪！

11. 快乐就在身边

训练提示　这篇议论"快乐"的文章，告诉我们一个浅显的道理，那就是劳动之后，你就会快乐，轻快型的节奏类型使评议性的色彩别具特色。

"快乐就是这样，它往往在你为着一个明确的目的忙得无暇顾及其它的时候突然来访。"苏格拉底如是说。一群年青人到处寻找快乐，却遇到许多烦恼，于是他们向苏格拉底请教：快乐到底在哪里？苏格拉底说："你们还是先帮我造一条船吧！"这群年轻人开始不太理解，既然是来请教，苏格拉底的话又不好不听，或许造好了船就会得到苏格拉底正面的回答。就这样，他们暂时把寻找快乐的事儿放到一边，找来造船的工具，用了七七四十九天，造出了一条独木船。船下水的那一天，他们把苏格拉底请上船，一边合力摇桨，一边高声唱歌。这时，苏格拉底问他们："孩子们，你们快乐吗?"年轻人齐声回答："快乐极了!"

这则小故事至少给了我们两点启示。第一，快乐是一种感受，一种体验，它就存在于我们的工作和生活之中，不必刻意去寻找；第二，我们的快乐是由自己创造的，别人的赐予是对我们付出的回报。这使我幡然省悟，原来快乐时时刻刻都伴随着我们，只是我们不曾注意罢了。

的确，许多的不快乐都是我们自己制造的。有人说拥有快乐其实很简单："第一是不要拿自己的错误惩罚自己；第二是不要拿自己的错误惩罚别人；第三是不要拿别人的错误惩罚自己。"话虽朴素，但细细想来，确实如此。

快乐是人们对美好生活愉快的感受和满意的评价。生活是客观的，实际的，就看你如何去感受和评价了；世界是精采的，美好的，就看你如何面对和品味了。过去的已经过去，未来的尚且遥远，只有现在的快乐是最需要体会的。

12. 一颗跳舞的心

训练提示　为了那流星划过的瞬间，需倾尽所有的精力与心力，这就是作者对青春的解释，赞扬青春的美好，需用轻快型的节奏，基本语气、基本转换，应多轻少重、多扬少抑。

朋友问我：“青春是什么?”一时间我竟无言以对。也许正因为“不识庐山真面目，只缘身在此山中。”

静下心来想将青春用语言或文字表达时，头脑中出现的竟是一个个自己舞蹈着的画面。原来青春对于我来说，正如舞台上的那份瞬间的灿烂华美与朝气蓬勃的艺术生命：一样的无法重复，一样的令人遐想，一样的需要我们倾尽所有的精力与心力，只为了那如流星划过的瞬间。

青春真好!

青春是热情和豁达的。所以我们在这期间一定要养成一种热情豁达的个性。它使我们热爱生命，无论自己的或是他人的；它使我们目光长远，心胸坦荡，大丈夫更应气如长宏；它使我们拥有一颗乘风破浪的心。

青春需要梦想。有了梦想再脚踏实地地去做，如果没有梦想又有什么可实现？青春需要勇气，勇气对于青春来说，就如我舞蹈时使用的那把利剑，拥有了它再去认识自我，把握自我，展示自我!

既然拥有青春，就应敢于经受磨炼。它使我们增长见识，它令我们日渐成熟，练就一颗善良、宁静、平和的心。任凭狂风暴雨，依然充满和谐与喜悦。

珍惜我们的青春吧！它是短暂的，失去了便不能再拥有。将青春燃烧到极至，就如同舞台上那最辉煌的一刹那——登场前一场的准备，一切的激情，一切的一切，都只为了那最辉煌的一刹那。

后　记

本书是一本播音员、主持人语言表达技能的训练教材。理论依据为张颂老师所著《播音基础》一书，本人所选编的练习素材不知能否诠注其初衷，如有出入应以《播音基础》一书为正。在此书出版之际向老师表示衷心的敬意。

训练素材来自多种媒体、多位作者，均为正式发表、播出、出版，对所选入本书素材的作者表示感谢。有部分入选稿件，难以找到姓名和出处，在此本人表示歉意。

本书的出版得到院出版社领导和工作人员的大力支持，特别是责任编辑杜丽华作了大量工作，在此一并表示感谢。

编者

2000 年 7 月

图书在版编目(CIP)数据

播音员、主持人训练手册:语言表达技巧/白龙编著 .--北京:北京广播学院出版社,2000. 9(2022.6 重印)

ISBN 978-7-81004-887-3

Ⅰ. 播… Ⅱ. ①白… Ⅲ. ①播音员－训练－手册 ②播音员－语言能力－训练 Ⅳ. ①G222. 2

中国版本图书馆 CIP 数据核字(2000)第 66629 号

播音员、主持人训练手册(语言表达技巧)

BOYINYUAN ZHUCHIREN XUNLIAN SHOUCE(YUYAN BIAODA JIQIAO)

编　　著 白　龙
责任编辑 杜丽华
封面设计 杜丽华
版式设计 唐红梅
责任印制 李志鹏

出版发行 中国传媒大学出版社(原北京广播学院出版社)
社　　址 北京市朝阳区定福庄东街 1 号　　邮编:100024
电　　话 86-10-65450528　65450532　　传真:65779405
网　　址 http://cucp. cuc. edu. cn
经　　销 全国新华书店

印　　刷 北京中科印刷有限公司
开　　本 787mm×960mm　1/32
印　　张 11. 25
字　　数 174 千字
版　　次 2001 年 1 月第 1 版
印　　次 2022 年 6 月第 21 次印刷

书　　号 ISBN 978-7-81004-887-3/G・887
定　　价 18. 00 元
